*L*ittoral

A Criança e o Psicanalista

*L*ittoral

A Criança e o Psicanalista

Companhia de Freud
editora

TÍTULO ORIGINAL
REVUE DU LITTORAL

EDITORAÇÃO ELETRÔNICA
FA - Editoração Eletrônica

TRADUÇÃO
Dulce Duque Estrada

REVISÃO
Sandra Regina Felgueiras

Autor
Vários

FICHA CATALOGRÁFICA

L781

Littoral : a criança e o psicanalista / [tradução Dulce Duque Estrada]. — Rio de Janeiro : Companhia de Freud, 1998.

80 p. ; 23 cm.

ISBN 85-85717-15-7

1. Psicanálise infantil. 2. Psicanálise.

CDD-150.195

Companhia de Freud
editora

ENDEREÇO PARA CORRESPONDÊNCIA
Rua Visconde de Pirajá, 547 - Sala 702
Cep 22415-900 - Ipanema - Rio de Janeiro
Tel.: (021) 540-7954 – Telefax: (021) 239-9492
email: tereza@ism.com.br

Índice

A transferência para os bastidores

Erik Porge

Preparando-me para escrever este texto, não conseguia, a princípio, reunir minhas idéias. Depois, percebi que havia uma coisa que eu queria dizer e que ao mesmo tempo descartava, julgando-a simples demais. Quando compreendi que isso não era uma razão para não a dizer, o seguimento do texto se apresentou por si só. Aqui está essa coisa:

Como a maior parte dos colegas de minha geração, comecei atendendo crianças em instituições. Como a maior parte deles também, fazia com as crianças sessões mais longas, tomava notas depois, fazia desenhar, modelar massa, ficava de quatro e, mesmo que não comunicasse meus pensamentos à criança, eu traduzia o que ela expressava.

Depois, sempre como muitos colegas, experimentei um certo desagrado por essa prática. É possível interrogar-se sobre essa evolução, pela qual os analistas abandonam a prática com crianças, tanto mais que essa evolução não significa necessariamente o abandono dos preconceitos sobre a dita prática. De minha parte, apesar do recuo de meu interesse pela prática com crianças, continuei entretanto a escutá-las, mantido nisso por uma pesquisa sobre as vicissitudes do aprendizado da leitura[1].

Foi então que eu percebi que se podia fazer um trabalho analítico com crianças, sem atrativos de jogos, de desenhos (de maneira que, se uma criança se punha a desenhar, isso mudava o valor daquela atividade), sem imposição de tempo, isto é, fazendo sessões pontuadas. Em suma, minha prática, em seus aspectos ditos técnicos, não vinha a ser essencialmente diferente daquela com analisandos que tinham passado da puber-

[1] E. Porge, "Une phobie de la lettre: la dyslexie comme symptôme", *Littoral 7/8,* fev. 83, Érès, Toulouse.

dade. Foi necessário algum tempo para que eu chegasse a proceder assim, e ainda mais tempo para que retomasse isso, abertamente, por minha conta, sem vergonha nem diante dos colegas nem diante dos pais. Foi também uma surpresa constatar quanto melhor se portavam as crianças com esse gênero de regime.

Uma das questões que surgem freqüentemente a propósito da prática dos analistas com crianças é a seguinte: será realmente análise? A prática com crianças é uma prática mais exposta do que aquela com adultos, porque se desenvolve implicando terceiros que podem intervir diretamente junto ao analista. Talvez seja por isso que se pede a essa prática, mais que a outras, que forneça suas razões. Além disso, formulam-se freqüentemente quanto à análise de crianças — em nome de um modelo da análise de adultos e considerando que houvesse uma cura-tipo que jamais houvesse evoluído, nem com Freud, nem depois dele — questões que não estão resolvidas para a análise de adultos. Não esqueçamos que a análise com adultos pôde beneficiar-se com elementos advindos da análise com crianças[2].

Antes de questionar a legitimidade abstrata da psicanálise de crianças, eu me pergunto qual seria o mínimo que o analista pode e deve fazer, a partir do momento em que se dirigem a ele em nome de uma criança. Qual é o mínimo que somente um analista está apto a efetuar a partir do momento que os pais vêm consultar um "psi"? Eu não tomaria como ponto de partida as chamadas adaptações técnicas contingentes, mas um dos fundamentos da psicanálise: a transferência.

B. é uma menina muito esperta, de quatro anos. Seus pais vêm à consulta porque ela está agressiva com eles. Ela manifesta raiva pela manhã ao acordar, diz a mãe. Está rebelde, sempre em conflito, até com seu irmão mais novo. Mas, ao mesmo tempo, não pode se separar de seus pais, não pode ir sozinha para seu quarto. Ela tem medo do escuro, medo de um urso que ali se encontraria.

Seu avô paterno morreu quando seu pai tinha oito anos.

---

[2] Cf. as observações de Freud sobre este tema: *Nouvelles conférences d'introduction à la psychanalyse* (34ª), Gallimard, Paris, 1984, p. 198. Cf. também Ferenczi: *Analyses d'enfants avec les adultes.* Obras completas, t. 4, Payot, Paris, 1982, p. 98.

Sua mãe nasceu quando sua própria mãe tinha vinte anos. Sua mãe jamais conheceu o próprio pai, que ainda é vivo, e foi uma criança inoportuna. A avó materna de B. se casou novamente quando a mãe de B. tinha dezoito anos, com um homem que já tinha filhos. A chegada desse padrasto pôs fim ao sonho da mãe de B., de encontrar seu próprio pai. O padrasto da mãe de B. ocupava um lugar central na família. Nenhuma decisão importante se tomava sem ele. Ele encarnava a autoridade. No dia da primeira consulta, o pai de B. escreveu a data de nascimento de seu filho, irmão caçula de B., no cheque que me deu, em vez da data do dia. Quando esse menino nasceu, foi em princípio mal aceito na família, pela despesa que isso ia causar, uma vez que o padrasto tinha reservado dinheiro para comprar uma nova casa para o casal.

Esse padrasto morrera brutalmente durante as férias, alguns meses antes da consulta. A mãe de B. foi muito afetada por isso e, desde esse acontecimento, B. não vai bem.

Durante aproximadamente três meses eu vi B. somente e depois seu pai ou sua mãe, alternadamente, sós. Não se tinha, antes disso, jamais falado da existência do verdadeiro pai de sua mãe. B. faz muitas perguntas a esse respeito, à sua mãe. Depois de algumas entrevistas B. pode ir sozinha para seu quarto, ela não sonha mais com ursos, dorme sem luzes, num berço com "mil bonecas" ao lado. Seu ódio matinal se dissipa. A mãe me diz: "Isso é de pouca importância". E B. : "quando eu era pequena, pensava na morte do pai de meu pai, e tinha medo". Sugiro que se poderiam parar as sessões na semana seguinte, o que todos aceitam. No decurso daquela semana B. diz a sua mãe que ela tinha acreditado que "papi" (o padrasto da mãe de B.) tinha se transformado em ogro. Ela se fantasiou e se olhou no espelho. A mãe me tinha dito na última vez, a propósito do nascimento de B.: "é como se eu me sentisse culpada de ter um outro filho". "Que outro?" perguntei - "eu", responde ela. No decorrer da última sessão B. me diz que ela tinha tido medo de ursos porque seu *papi* tinha morrido. Que acabara. Que sua mamãe lhe explicara que *papi* era "o papai de sua mamãe" mas que antes ele tinha sido casado e tinha se casado depois com sua vovozinha. Sua mãe não tinha tido um outro papai antes.

Assim a condensação funcionava.

Em 1926 Freud não faz distinção entre a *neurose infantil,* tal como é reconstituída a partir da análise de adultos, e a *neurose da infância,* isto é, uma sintomatologia neurótica das crianças. A pergunta que se faz é se se reencontra essa neurose nas crianças ou não. Sim, diz ele, em caso de neurose no adulto: "em nenhum daqueles que tiveram uma neurose ulteriormente falta a ligação com uma afecção infantil (*kindliche Erkrankung)* que, em seu tempo, não foi necessariamente muito aparente". Mas, em todo caso, "a neurose de crianças não é a exceção, e sim a regra".[3]

Por outro lado, em 1932, Freud inicia uma distinção entre os estados próprios às crianças e a neurose. Não é mais a neurose de crianças que é a regra, mas são os "estados que se pode fazer equivaler *(gleichstellen)* às neuroses", que atingem muitas crianças no decorrer de seus primeiros anos. É o caso de todos aqueles que adoecem posteriormente, ao passo que, "em algumas crianças, a doença neurótica não espera o momento da maturidade; ela aparece no período infantil".[4] Assim se esclarece uma distinção entre uma doença neurótica e estados equivalentes. O que são esses estados equivalentes? Um pouco mais adiante, Freud acrescenta: "a transferência, considerando-se que os pais reais existem ainda, desempenha um papel diferente"[5], subentendido: do adulto. Que papel desempenha na criança? Para responder a essa pergunta e à precedente, lembremos do papel que representa a transferência no adulto, tal como Freud o teoriza em "Recordar, repetir e elaborar": "Quando o paciente demonstra boa vontade suficiente para respeitar as condições de existência do tratamento, conseguimos regularmente dar uma nova significação de transferência a todos os sintomas da doença, substituindo sua neurose comum por uma neurose de transferência, da qual ele pode ser curado pelo trabalho terapêutico. A transferência criou assim um reino intermediário entre a doença e a vida, pelo qual se efetua a passagem da primeira à última. O novo estado endossou todas as características da doença mas apresenta uma doença artificial, que é, em todos os seus pontos, acessível a nossas intervenções. Ele é, simultaneamente, um fragmento de experiência vi-

---

[3] S. Freud, *La question de l'analyse profane,* Gallimard, Paris, 1985, p. 80-1.

[4] *Nouvelles conférences d'introduction à la psychanalyse,* op. cit., p. 197-8.

[5] *Ibid,* p. 198.

vida real, tornada porém possível por condições particularmente favoráveis e é da natureza de um provisório[6]".

Se a transferência desempenha, na criança, um papel diferente daquele que representa para o adulto, não será porque na criança ela não substitui uma neurose comum? Na criança, ela é esta neurose comum; daí o termo "equivaler" empregado por Freud. Esses estados neuróticos por que passam muitas crianças são neuroses de transferência, e não substitutos de uma neurose comum. A relação com as doenças neuróticas (as neuroses de transferência, segundo a equivocação que Freud usa[7]) seria então o contrário daquilo que se passa na análise: na criança a neurose comum substituiria uma neurose de transferência não resolvida.

Mas, para quem, para o quê a criança dirige uma neurose de transferência? E por quê?

Para quem? Para qualquer objeto parental próximo: o pai, a mãe, um irmão, uma irmã... Hans é neurótico por haver perdido as regras do jogo em sua transferência para sua mãe. A neurose de transferência eclode diante de quem não mais sustenta a transferência da criança, nas ocasiões, bem freqüentes, de uma mudança de lugares na família, por nascimento ou morte. No discurso desnorteado dos pais, torna-se perceptível que eles não assumem mais um lugar de sujeito suposto saber. No limite, a criança se torna "persecutória" — em geral, de uma "perseguição" tal como existe na histeria — para os pais. Eles encaram o distúrbio de seu filho como se o mesmo fosse dirigido contra eles: "ele me fez uma crise", pode-se ouvir de suas bocas. Ou ainda, uma mãe que se queixava de seu filho, que não aprende nada e quase não fala: "queríamos que ele nos ensinasse alguma coisa". A ambigüidade da fórmula é muito reveladora. O sintoma da criança é simultaneamente o representante, para os pais, de um saber suposto, que a criança esconde, não diz, e que o analista deveria descobrir. Pode-se atrelar a isso o sonho "do bebê sábio", de que fala Ferenczi[8].

---

[6] *Remémorer, répéter et perlaborer,* GW 10, Fischer Verlag, p. 135. Publicado na *La technique psychanalytique,* P.U.F., Paris, 1967. Nós citamos a tradução publicada em *La Transa nº 7,* abril 85, p. 22.

[7] *Introduction à la psychanalyse,* Payot, Paris, 1965, p. 422. GW 11, p. 462.

[8] Ferenczi, *Oeuvres complètes,* Payot, Paris, t. 3, p. 203, 1974. Esse exemplo foi por ele retomado em diversos outros artigos.

É como se houvesse ruptura na transmissão de saber. Ruptura essa que prova que, ao contrário, esse saber nada mais é que o saber de uma transmissão, que o saber é o que se produz de um certo laço social; ou, mais precisamente, que a família está presa a um tipo de discurso — o da histérica — onde o saber está no lugar do produto[9]. O sujeito suposto saber surge no ponto de falha do saber, como produto. É o que, me parece, se dá no caso de B.

Isso faz parte dos efeitos psicopatológicos onde, como afirmava Lacan em seus primeiros trabalhos (antes de 1953), são reveladas as tensões oriundas do edipianismo: exprimem uma deiscência do grupo familiar no seio da sociedade, devido a um crescimento do poder captador desse grupo sobre o indivíduo (em suas primeiras identificações) na própria medida do declínio de seu poder social[10]. A perturbação na criança vem manifestar um ponto de ruptura naquilo que, de um saber familiar, por causa de seu "poder captador", não é mais transmissível ao grupo social. Não é mais transmissível à maneira de um chiste, ou seja, daquilo que ultrapassa a barreira de uma relação dual para se produzir em um lugar terceiro. Em certos momentos, a mensagem da criança dirigida diretamente a uma pessoa implica que esse lugar terceiro seja expresso e seja uma instância atuante a fim de que a mensagem chegue ao destino, porque esse lugar é o do destino verdadeiro da mensagem. Há, na cura de Hans, a marcação de um desses momentos. É o momento em que Freud, em nota, dirige-se diretamente a Hans. É no decorrer de um diálogo entre Hans e seu pai. Este último sugere a seu filho que ele, Hans, quisera eliminar sua irmãzinha Anna:

"O pai: E você estaria então sozinho com a mamãe. E, no entanto, um bom menino não deseja isso.

---

[9] Eis a fórmula do discurso histérico que Lacan dá: $\frac{\$}{a} \rightarrow \frac{S1}{S2}$

Os lugares são os de: $\frac{\text{agente}}{\text{verdade}} \quad \frac{\text{outro}}{\text{produção}}$

Os termos são: S1, o significante mestre; S2, o saber; $\$$, o sujeito: a, o gozo-a-mais. J. Lacan. Radiophonie. *Scilicet 2/3.* Le Seuil, Paris, 1970, p. 99.

[10] J. Lacan. *Écrits,* Ed. Seuil, Paris 1966, p. 132-3.

Hans: Mas ele pode pensar nisso.

O pai: Mesmo assim não é bom.

Hans: Se ele pensa nisso é bom, mesmo assim, para que se o escreva ao professor". É nesse lugar preciso que Freud acrescenta, em nota, um recado a Hans (o fato é único na obra de Freud): "*Wacker, kleiner Hans! Ich wünschte mir bei keinem Erwachsenen ein besseres Verstandnis der Psychoanalyse*" (Bravo, pequeno Hans! Eu não ousaria desejar para um adulto melhor compreensão da psicanálise.).[11]

Hans se dirige a seu pai mas faz com que ele compreenda claramente que sua mensagem é destinada a Freud. A bom entendedor, meia palavra basta. Freud foi bom entendedor respondendo, dessa mesma maneira, a Hans: ele se dirige à criança (*Waker*) mas não é ela quem vai ouvi-lo. Freud destina sua mensagem aos leitores, especialmente aos analistas.

Essa simultaneidade de dois planos no endereço da mensagem se chama "falar para os bastidores" (*parler à la cantonnade). Cantonnade* era um termo de teatro; designava, nas peças italianas, um lado do teatro onde uma parte dos espectadores se sentava, em bancos em forma de pequeno anfiteatro. Depois, passou a designar os bastidores. Falar para os bastidores é falar a um personagem que não está em cena.[12]

Lacan já tinha chamado a atenção para essa maneira da criança se dirigir: "O erro piagético — para as pessoas que pudessem acreditar que se trata de um neologismo, sublinho que se trata do Senhor Piaget — é um erro que vige na noção do que chamam o discurso *egocêntrico* da criança, definido como a fase onde faltaria o que essa psicologia alpina chama reciprocidade. A reciprocidade está muito longe do horizonte do que nos deve necessitar aí nesse momento, e a noção de discurso egocêntrico é um contra-senso. A criança, nesse famoso discurso que podemos registrar num gravador, não fala para si, como dizem. Sem dúvida, ela não se dirige a outro, se utilizarmos aqui a repartição teórica que se nos deduz da função do *eu* do *tu*. Mas é preciso que haja outros lá, os pequenos, todos juntos a se entregarem, por exemplo, a joguinhos

---

[11] S. Freud. *Cinq psychanalyses*, P.U.F., Paris, 1967, p. 143, GW 7, p. 307, retraduzido por nós.

[12] E. Littré. *Dictionnaire de la langue française,* t. 1. Hachette, Paris, 1877.

de operações como lhes dão em certos métodos ditos de educação ativa, é aí que eles falam — eles não se dirigem a tal ou tal pessoa, eles falam, se vocês me permitem o termo, para *lá, can*to da coxia. Esse discurso egocêntrico é um *para bom entendedor"*...[13]

O ponto de ruptura da transferência, em um dos pais, é esse ponto em que não se é mais bom entendedor, onde não se ouve mais a divisão do sujeito na sua mensagem, ali onde justamente seria importante que ele o ouvisse. Essa falência é tão geral quanto a neurose na criança.

Essa neurose na criança, neurose de transferência, se manifesta quando aquele que está encarregado de fazer passar socialmente a mensagem familiar não assume mais sua função de sujeito suposto saber fazer passar; quando recusa a transferência confundindo, em sua escuta da criança, o enunciado da mensagem diretamente a ele endereçada com o lugar terceiro a que essa mensagem é destinada, e de onde, justamente, pode retornar ao sujeito; essa confusão toma o valor de uma resposta mentirosa.

Esse modo de falência atribui ao analista, quando é solicitado, um lugar equivalente àquele que desempenha para a criança o romance familiar (o conjunto das fantasias pelas quais a criança imagina que é uma criança adotada, de um outro casal, e que seus verdadeiros pais são pais mais distintos do que aqueles com os quais ela vive). Como frisa Freud, contrariamente à aparência, essas fantasias que "trocam o pai efetivo (*wirklich*) por um pai mais distinto, não fazem senão exprimir, na criança, a nostalgia do tempo feliz e passado em que seu pai lhe aparecia como o homem mais forte e o mais distinto, e sua mãe como a mulher mais querida (*liebste*) e a mais bela. A criança não elimina, falando propriamente, seu pai, mas o eleva"[14]. O romance familiar é uma maneira de restabelecer o pedestal do qual os pais caíram. O analista é levado a preencher a mesma função, a restabelecer uma transferência posta à prova. É o que ele faz, na melhor das hipóteses. Isso marca o limite do papel do analista na análise de crianças e permite abordar a questão do fim da análise da criança.

---

[13] J. Lacan. *Livre 11*, Le Seuil, Paris, 1973, p. 189. Em versão brasileira, Jorge Zahar, Rio de Janeiro, 1979.

[14] S. Freud. *Der Familienroman der Neurotiker* (1909), G.W. 7, p. 427.

Inicialmente verifica-se que uma transferência para o analista, pela criança, não é em absoluto uma coisa evidente; é porque ficamos sempre impressionados, à leitura de relatos de análises de crianças, com a maneira pela qual a partir dos primeiros encontros o analista de algum modo força a transferência da criança. De saída, o analista se dirige à criança como se a houvesse compreendido. No caso da pequena "Piggle", ao qual voltarei, desde a primeira consulta Winnicot traduz o comportamento da menina: "Então ela pegou um bastãozinho e o enfiou pela janela e disse: "Bastão, entre". Eu falei do homem que mete alguma coisa na mulher para fazer um bebê."[15]

Aliás nós nos lembramos do famoso encontro de Freud com Hans em que disse a este último: "Bem antes que você viesse ao mundo eu já sabia que um dia iria nascer um pequeno Hans, que amaria muitíssimo sua mãe, tanto que seria forçado a ter medo de seu pai, e eu o tinha anunciado a seu pai". Em seguida a isso, Hans pergunta a seu pai: "O professor fala com o bom Deus para que possa saber tudo isso de antemão?"[16]

O analista chega, de fato, a encontrar um lugar, na neurose de transferência da criança. Mas não será, como no adulto, uma neurose de transferência que substituirá a neurose comum, uma vez que essa neurose comum, para a criança, já é a transferência. Como chamar, a partir daí, a transferência particular que está em jogo na análise de crianças? É uma transferência indireta que visa sustentar a transferência na pessoa que, no início, se revelou inapta a suportá-la. É igualmente uma transferência indireta, contemporânea do estabelecimento de um lugar de transferência para um dos pais, no momento mesmo em que este último falha. Em relação àquilo que apresentei anteriormente, proponho chamar a transferência particular que vai estar em questão com o analista de uma transferência para os bastidores.

O analista vai permitir que a neurose de transferência da criança se desenvolva e que seja tolerada pelos que a rodeiam. Foi este o caso, por exemplo, na cura de Hans, em que Freud fala de uma transferência para

[15] D.-W. Winnicot. *La petite "Piggle"*, Payot, Paris, 1980, p. 28.
[16] S. Freud. *Cinq psychanalyses*, op. cit., p. 120, GW 7, p. 278.

o objeto fóbico.[17] É também o que constata Winnicot: "A enfermidade de Gabrielle tornou-se uma característica prevalente e organizou-se claramente como doença, após as primeiras sessões.".[18]

O que a criança demanda é que deixem-na fazer sua neurose. Ela quer poder falar para os bastidores; é sua própria maneira de entrar em cena. "É preciso ainda que o lugar desses bastidores seja preservado e diferenciado. As intervenções do analista sobre o ajustamento (*Einstellung*)[19] dos pais à neurose da criança são tão importantes, ou até mais, do que suas intervenções diretas sobre essa neurose. Dessas intervenções, a mais simples, mas não a menos eficaz, consiste simplesmente em fechar a porta do consultório onde recebe a criança.

A transferência para a própria pessoa do analista não pode ser analisada como tal pela criança. É correlativa do fato de que a neurose da infância já está constituída como neurose de transferência antes de encontrar o analista. A transferência na criança não é analisada senão pela intensidade com que recoloca a criança em um quadro edipiano; o trabalho do analista é sua contribuição social ao edipianismo.

Se há um limite estrutural à interpretação da transferência para o analista, não poderia haver final de análise com a criança.

Esse limite estrutural existe. Não há análise da transferência amorosa criança-analista. Este é sistematicamente projetado no plano edipiano. Se não, vamos nos encontrar em um mais-além da cura, como aparece no caso da pequena Piggle; a última frase da última sessão é uma declaração de amor de Winnicot:

"*Eu:* você é tímida demais para me dizer certas coisas que você pensa.

Ela aquiesceu, mas parecia ser sem entusiasmo.

Eu: sei quando você se sente realmente tímida, e isso se dá quando você quer dizer que me ama.

Ela foi muito positiva em seu gesto de aquiescência."[20]

---

[17] S. Freud. *idem.* p. 127.
[18] D.-W. Winnicot. op. cit., p. 21.
[19] Cf. a nota da p. 4 de *La Transa.* nº 7.
[20] D.-W. Winnicot. op. cit. p. 187-9.

Winnicot observa, aliás, que essa última sessão não se desenvolveu como as precedentes e "que parecia mais uma visita de um amigo a um amigo"...

A criança não pode aceder à análise da transferência amorosa para o analista porque não tem acesso àquilo que, no encontro sexual e por ele, vai colocá-la na determinação da fórmula "não há relação sexual", fórmula que não se confunde absolutamente com a interdição do incesto tal como a teorizou Freud, e que por sua vez se desenvolve no campo de uma relação sexual, aquela entre os pais e os filhos.[21] É a efetivação dessa interdição que pode, no melhor dos casos, se realizar com a psicanálise da criança. Mas, o *interdito* não está no mesmo plano que o *impossível* da relação sexual.

Certamente, Freud escreveu: "antes da puberdade a criança está pronta para o amor, exceto para a reprodução".[22] Mas, que amor?

Não se excetua apenas a reprodução, é também excetuado um saber do "não há relação sexual". "Não saber" que as teorias sexuais infantis vêm suprir. O amor para o qual a criança está pronta é o amor determinado pelas teorias sexuais infantis: todos os seres humanos têm um pênis, o que provoca uma *Verwerfung* do saber da vagina e um efeito paralisante; a criança é evacuada pelo ânus; a concepção sádica do coito.[23]

É muito freqüente, se não habitual, dar-se conta, nas análises de adultos, que as teorias sexuais infantis, mais ou menos distorcidas, continuam em curso, de modo inconsciente e simultaneamente aos reconhecimentos de fatos, e que as mesmas determinam fantasias, sintomas, de modos de relação, maneiras de viver uma gravidez... Mas pode-se esperar que isso possa ser analisado, no adulto, por causa da atuação de sua sexualidade e por meio do reconhecimento daquilo que essas teorias vêm suprir. Isso toma tempo e não é uma simples questão de aceitação consciente, uma vez que, de todo modo, conscientemente os sujeitos sabem que essas teorias são falsas. Mas eles se comportam como se nelas acreditassem.

---

[21] Cf. para essa distinção capital entre Freud e Lacan: E. Porge. "Comme est dit du père". *Littoral* 11-12, fevereiro de 84. Érès. Toulouse, p. 261.

[22] S. Freud. "Les explications sexuelles données aux enfants" (1907), em *La vie sexuelle.* P.U.F., Paris, 1969, p. 14.

[23] S. Freud. "Les théories sexuelles infantiles" (1908), em *La vie sexuelle,* op. cit., p. 14.

Winnicot reconhece que a cura de uma criança tão jovem como Gabrielle fica inacabada: "Eu não diria que esse tratamento tenha terminado. De minha parte eu hesitaria em afirmar que uma análise de criança possa ser considerada completa quando a paciente é tão jovem que os processos de desenvolvimento não fazem senão entrar em atividade no momento em que a análise começa a chegar a bom termo."[24] Todos sabem, Lacan insistiu nisso, que a cura de Hans é inacabada e chega a um compromisso: ele casa seu pai com sua avó; o bombeiro troca-lhe o traseiro mas não o faz-pipi. Ora, é precisamente no caso de suas relações amorosas que Lacan faz um prognóstico: "ele será um cavalheiro cujas parceiras femininas terão sido engendradas a partir dos filhos imaginários que ele pode fazer em sua mãe, eles próprios herdeiros desse falo em torno do qual todo o jogo primitivo da relação de amor com a mãe terá sido jogado".[25] Lacan não faz um comentário sobre a evolução da estrutura mas sobre o estilo de relação amorosa possível com um parceiro do outro sexo, mais tarde. Há constatação de alguma coisa de inacabado, que será repetida mais tarde, depois do período de latência e da puberdade. Isso será retomado ali onde parou. Mas isso poderia ter parado de outra maneira. O comentário de Lacan, pois, deve ser também ouvido da seguinte maneira: há um momento em que a análide de criança pára, e essa parada se localiza em relação à estrutura da relação amorosa que será determinante mais tarde.

Como então terminar uma análise com uma criança, da qual se sabe que, por uma necessidade estrutural, permanecerá inacabada? O fim dos distúrbios não é, necessariamente, o fim da análise. Como terminar de tal modo que isso fique inacabado de uma boa maneira? Pode-se tentar fazer com que o fim dos distúrbios seja o fim da neurose de transferência, no sentido em que eu a defini. Nem sempre é este o caso. Em contrapartida, há uma distância a se manter, entre um fim de análise de neurose de transferência e um fim da análise da transferência. Essa distância é, além disso, a garantia de que o sujeito poderá formular uma demanda, se sentir a necessidade disso, quando for adulto.

---

[24] D.-W. Winnicot. op. cit., p. 20.

[25] J. Lacan. *La relation d'objet,* 19 de junho de 1957.

Dessa maneira, penso que era justificado parar a análise de B. naquele momento: no momento em que ela podia contar com seus próprios recursos simbolizadores.

Deve-se aceitar uma criança em análise? Alguns chegam mesmo a se perguntar isso. Sim, responderei eu, sob a condição apenas de pará-la a tempo. Freud diz que a neurose e seus equivalentes são a regra na criança, mas que, contrariamente à tuberculose, não há vacina possível e que é em geral espontaneamente superada.[26]

Lacan vai ainda mais longe quando, falando do período do Homem dos Lobos, compreendido entre três anos e um mês (primeiras queixas da mãe ao médico) e quatro anos (sonho com lobos, início da fobia), ele afirma que, "ao menos nessa data essa neurose infantil é exatamente a mesma coisa que uma psicanálise".[27]

O que emerge como neurose de transferência, a neurose na infância, será suscetível de uma evolução espontânea tal que desempenharia exatamente o mesmo papel de uma psicanálise? Sim, mas seguramente não sem que, num momento ou outro, seja encontrado um bom entendedor. Então, por que este não seria o analista?

---

[26] S. Freud. *La question de l'analyse profane,* op. cit., p. 81.

[27] J. Lacan. *Les écrits techniques de Freud.* Le Seuil, Paris, 1975, p. 215.

Histórico dos conceitos e das técnicas que contribuem para a psicanálise com crianças

Jacqueline Poulain-Colombier

O termo *histórico*, no título deste trabalho, pede uma explicação. Não se trata aqui de um histórico de historiador, com sua cronologia de datas e nomes, e sim daquilo que reconhecemos como fazendo história para nós, que é diferente do conhecimento do passado como tal. Essa construção só pode ser feita ao tentarmos saber em que ponto estamos hoje e para que momento da história podemos contribuir.

Dois elementos, a meu ver, tomados nas tendências contemporâneas observáveis, se destacam:

1) *1909*: a publicação do Pequeno Hans, acontecimento histórico no sentido de uma primeira vez que faz data para as conseqüências que virá a ter na psicanálise. Mas, como se dá que, em nossos dias, este mesmo Pequeno Hans possa ser considerado como o "ponto de partida" da terapia familiar[1]?

2) *1920*: Freud introduz a noção de pulsão de morte, trazendo assim o que se chama a virada de 1920. Como se dá que, em nossos dias, se expanda com tão pouca dificuldade a influência de um analista, D. Winnicott, que diz ele mesmo não admitir a pulsão de morte, nem em Freud, nem em M. Klein[2]?

---

[1] A. Eiguer, *Un divan pour la famille*, Ed. du Centurion, 1983, p. 11: "A origem da terapia familiar está estreitamente ligada à análise. O caso do pequeno Hans, tratado por S. Freud a partir do relato de seu pai, também ele analista, foi freqüentemente considerado como o ponto de partida." Onde este autor viu que Max Graf era analista? Cf. a tradução *Reminiscences of Professor Freud* — no documento de trabalho da Documentação psicanalítica, 1942, o manuscrito dado por Freud a Max Graf.

[2] Cf., por exemplo, em *Processus de maturation chez l'enfant*, p. 146: "simplesmente, é impossível para mim encontrar um sentido para a sua [de Freud] idéia de instinto de

Quando se lê toda uma literatura contemporânea, acaba-se por se perguntar se quase um século de prática analítica deve levar à volta ao que era a criança antes do acontecimento Freud. Pois também constitui um efeito indireto dessas correntes contemporâneas revelar até que ponto é a responsabilidade original, histórica, da psicanálise ter mostrado a uma criança seu lugar de paciente. Como se poderia fazer crer que seja em nome da psicanálise que este lugar lhe seja agora negado?

Com o Pequeno Hans, Freud entendia demonstrar que a causa da neurose está ligada aos desejos sexuais da criança, e que ela é produzida por um trabalho psíquico que nada deve às condições exteriores, e que é organizado pelo "complexo de castração". A importância desta observação-intervenção analítica não está, para Freud, em seu efeito terapêutico, mas no apoio que ela vem dar a suas afirmações dos "Três Ensaios" (1905). A publicação do Pequeno Hans teria suscitado tão grande comoção e tão grande indignação se testemunhasse somente o lugar de uma criança em sua família, testemunho que a psiquiatria poderia dar[3]?

Certamente, o conceito sócio-jurídico da criança mudou, o sistema simbólico onde se inscreve o parentesco muda também em certos pontos, mas as crianças de hoje não produzem as mesmas teorias sexuais infantis do Pequeno Hans? Será que os meninos são menos afetados por este enigma fundamental que é o seu desejo pela mãe, e menos submetidos à angústia de castração? As meninas estariam menos na solicitação do pai? Temos, ao contrário, a confirmação incessantemente renovada de que é mesmo esta a experiência crucial dos anos de infância.

Decerto, houve uma ampliação das "indicações", como se diz: as crianças recebidas pelos primeiros analistas não são as mesmas que recebemos hoje. Mas esta constatação clínica também pode ser feita para os pacientes adultos; no entanto, não se generalizou à prática analítica os

---

morte" e, p. 149, nas contribuições duvidosas de M. Klein, "a manutenção do uso da teoria dos instintos de vida e de morte". É surpreendente que num livro dedicado ao Paradoxo de Winnicott por A. Clancier e J. Kalmanovitch, Payot, 1984, seja apenas numa nota de rodapé que se recorda que Winnicott não admite a pulsão de morte — cf. p. 81.

[3] Cf. a argumentação de Freud em torno do fator infantil e sobre "o princípio de *pars pro toto*": deixa-se de lado, rejeita-se como erro justamente aquilo que na psicanálise é novo e lhe pertence propriamente. *Les cinq psychanalyses*, P.U.F., 1966, p. 363 e 364.

parâmetros de curas com pacientes "borderline" ou psicóticos. É o que acontece, porém, com relação às crianças, onde se chegou a uma orientação indiferenciada em direção ao parental, ao familiar. Da necessidade, em certas curas, de levar em conta o laço pai-criança, e freqüentemente mãe-criança, chegou-se a sistematizar a "neurose familiar"[4]. Maud Mannoni, principalmente, desenvolveu essa noção de "discurso coletivo". Se podemos considerar que, com certas crianças retardadas ou psicóticas, é necessário escutar alguma coisa da história das linhagens parentais, parece muito mais discutível estender essa concepção como de "criança doente fazendo parte de um mal-estar coletivo". É assim que a leitura feita por M. Mannoni do Pequeno Hans, a que ela aplica este esquema, atinge uma deformação completa do trabalho de Freud[5]. Embora M. Mannoni tente, em seguida, separar-se da terapia familiar, é claro que ela lhe fornece suas bases[6].

Estamos bem longe desses "terríveis medos infantis" que vão constituir a inquietante estranheza onde a criança está só, como revelou Freud, esse campo de angústia com o qual trabalham as analistas que, embora tenham sido as primeiras a fazê-lo com crianças, ainda assim são desconhecidas pela história: não que outros não tenham mencionado seus nomes, mas não se trata de uma preocupação de historiador, e sim de levar em conta o seu trabalho, através de seus textos, e ver o que constitui a

---

[4] O termo "neurose familiar", vamos lembrar, foi introduzido por Laforgue. Cf. o testemunho de F. Dolto em *Les analystes parlent*, J. A. Hess, Belfond, p. 91 e 92. Cf. M. Mannoni, *Le premier rendez-vous avec le psychanalyste*, Ed. Gonthier, 1965, p. 56.

[5] M. Mannoni, *L'enfant, sa maladie et les autres*, Ed. Le Seuil, 1967, p. 14: "a aparição da doença de Hans pode ser considerada como o surgimento daquilo que está em falta nos pais", cf. também p. 30 a 36.

[6] Ela o faz, além disso, a propósito de F. Dolto. Se a diferença entre o que fazem F. Dolto e o terapeuta familiar se ativesse ao fato de F. Dolto visar "um desvelamento catártico", essa diferença não iria longe. É curioso ver o retorno da catarse nesse contexto... Cf. *D'un impossible à l'autre*, Seuil, p. 162. No que concerne a F. Dolto, cf. em *Le cas Dominique*, Edition du Seuil, 1971, p. 202 e 219, onde ela afirma sua posição: "se penso que o desejo dos pais induz a criança por efeito de linguagem, penso que todo ser humano, desde sua origem, sua concepção, é ele mesmo fonte autônoma de desejo", posição que se traduz na sua prática por uma atenção fundamental à imagem do corpo, própria ao sujeito.

aquisição da psicanálise. Vou tomar como fio de leitura a questão da transferência e a questão dos pais.

H. Von Hug-Hellmuth publica em Viena, em 1921, *Sur la technique de l'analyse d'enfant*. Há nesse trabalho um certo número de indicações que podem ser ditas próprias dessa analista, como por exemplo a freqüência das sessões (3 a 4 por semana, na casa da criança), mas outras indicações se originam de questões fundamentais. Antes dos 7, 8 anos, não há análise possível, somente uma aplicação de métodos de educação fundados no conhecimento psicanalítico. Tampouco é possível deitar as crianças, sejam elas muito jovens ou mais velhas. Nesse texto ela introduz a idéia de que as atividades de jogos são reveladoras, e podem ser integradas ao tratamento.

O que ela diz sobre a transferência me parece o mais interessante e o mais transmissível do seu trabalho: com a criança, a posição do analista na transferência é a de um pai ou mãe ideal que se enuncia, por exemplo, assim: "O doutor disse que...", "devo perguntar primeiro ao doutor...", etc. O poder do analista e uma grande parte do processo psicanalítico na criança se efetuam no inconsciente e ficam, assim, em permanência.

Esse plano da transferência, particular com as crianças, é seguido de considerações sobre o fator importante constituído pela relação do analista com a família da criança. Embora a criança venha por iniciativa dos pais, a ligação transferencial da criança com o analista provoca "ciúmes" das mães, que o analista nem sempre é capaz de controlar. É, aliás, este fator de narcisismo que a faz dizer que é impossível, para quem quer que seja, analisar seu próprio filho[7].

No mesmo momento, mas em Varsóvia e Paris, uma outra analista, E. Sokolnicka, publica um caso de neurose obsessiva numa criança de 10 anos[8]. Este caso é interessante, porque não vem de uma analista cujo nome esteja ligado a crianças. Não vou dar em detalhes a lista dos sinto-

---

[7] H. von Hug-Hellmuth, *International Journal of Psycho-analysis*, vol. II, 1921.

[8] E. Sokolnicka, "Analysis on an obsessional neurosis in a child", *International journal of psycho-analysis*, vol. III, 1922. Cf. *La bataille de cent ans*, vol. I, Ed. Ramsay, p. 279 a 289 sobre Sokolnicka e o relato de Pichon do caso de neurose obsessiva, p. 286 a 288, assim como na *Revue Française de psychanalyse*, 8, de 1934. Este artigo foi traduzido para o francês a partir de sua versão original alemã e do francês para o português, neste livro. (NR)

mas obsessivos desse menino, vocês terão uma idéia a partir desta precisão: a analista só podia lhe dar uma sessão à tarde, pois devido a todos os seus ritos e cerimoniais ele só conseguia ficar vestido por volta de meio-dia e meia. O tratamento dura seis semanas e se revela um sucesso no plano dos sintomas. No nível do trabalho nas sessões, a importância que a analista dá aos sonhos e à análise destes é muito impressionante.

Sokolnicka encerra seu trabalho com esta questão: será este um sucesso de transferência, será que isso vai durar? No que diz respeito à ligação desse menino com sua mãe, que é um complemento de seus sintomas, é interessante ver como a analista intervém para separar a mãe da criança: ela não se ocupa da mãe, mas leva a criança a renunciar à ajuda desta, e a pedir ela mesma à mãe que não a ajude mais.

Pouco tempo antes da interrupção das sessões (fixada por razões externas), ela formula como que uma interdição à mãe de se prestar aos cerimoniais, e faz com que a criança prometa vestir-se sozinha. Um certo tempo depois da partida da família para o campo, a analista recebe notícias: tudo parece ir bem, do ponto de vista do desaparecimento dos sintomas, e a mãe acrescenta que se pode fazer tudo com a criança, bastando utilizar o nome da analista!

Este caso é historicamente importante: é através de uma analista que não deixará seu nome no campo da psicanálise com crianças que a criança em análise é introduzida na França.

Em 1926, uma outra analista, Sophie Morgenstern, pela primeira vez na França, põe em funcionamento o "Serviço do Laboratório e do Dispensário de Psicanálise" na Clínica Anexa de Neuropsiquiatria Infantil, na enfermaria de G. Heuyer[9]. No prefácio do livro de S. Morgenstern, Heuyer se dá ao prazer de reivindicar para esta a prioridade na utilização do desenho e a elaboração deste uso na prática com crianças, prioridade sobre o que se faz, na mesma data, em Londres, sem citar nome algum!

Com efeito, S. Morgenstern dá um passo a mais: ela não utiliza apenas o desenho, mas tenta ultrapassar este plano técnico para elaborar o simbolismo das criações imaginativas da criança, a partir de uma equivalência entre o sonho e o desenho.

---

9 Contrariamente ao que afirma M. Mannoni, que não cita o livro de S. Morgenstern dedicado à prática analítica com crianças. *D'un impossible à l'autre*, Ed. du Seuil, p.155 e 157.

As crianças que ela recebe são crianças neuróticas, ou em dificuldades com os que as cercam, ou ainda com distúrbios de caráter. Se há referências a elementos da história dos pais, S. Morgenstern não trabalha com eles, sendo o essencial de suas observações as produções imaginativas da criança, que são analisadas durante as sessões, e na sua mais-valia transferencial. Ela situa, muito justamente, a dificuldade dessa questão da transferência: "dificuldade de não se contentar com um trabalho catártico e de permitir um trabalho mais assegurado, mais durável, levando a criança a encontrar por si mesma o jogo completo de seus sintomas"[10]. Um exemplo me parece condensar bastante bem essa dificuldade: trata-se de uma meninazinha de cinco anos e meio; "no fim do tratamento, quando ficou curada, seus sonhos mudaram de caráter. Ela fazia, em sonhos, viagens em companhia de sua psicanalista. Íamos juntas a Lourdes, onde ambas produzíamos milagres, curando os doentes. A transferência de nossa pequena doente para sua psicanalista exprimia-se em primeiro lugar no sonho, onde ela, a psicanalista, era a única escapada da morte, mas também nos sonhos do fim do tratamento. Acrescenta-se ainda o mecanismo de identificação: nossa pequena doente tornou-se médica ela própria, e realizava os mesmos milagres que a psicanalista, ela curava os doentes, mas apenas na sua companhia"[11]. Esse plano da transferência, pois, é bem reconhecido por essas analistas.

Tem-se o hábito de citar a discordância entre A. Freud e M. Klein como um ponto histórico célebre. No entanto, houve em 1932 uma discordância menos célebre, mas que teve conseqüências essenciais, entre D. Burlingham e M. Klein, sobre a questão dos pais, que abria uma terceira via entre Anna Freud e M. Klein.

Em um trabalho publicado em Viena em 1932, D. Burlingham desloca a ênfase para "a análise da criança e da mãe", levando a admitir que a relação da criança em análise com a mãe pode ter de passar por uma escuta psicanalítica desta última; até que ponto, pergunta ela, uma mãe pode suportar a análise de seu filho? D. Burlingham preconiza, com essa situação de dupla transferência, uma análise simultânea da mãe e da cri-

---

[10] Sophie Morgenstern, *Psychanalyse infantile. Symbolisme et valeur clinique des créations imaginatives chez l'enfant.* Ed. Denoël, Paris, 1937, p. 37 e 38.

[11] Op. cit., p. 30 e 31.

ança, por diferentes analistas[12]. Neste mesmo texto D. Burlingham dá exemplos de transferência, simultânea, podemos dizer, da mãe e da criança; Freud vai citá-los em sua nova conferência de 1932 sobre o sonho e o ocultismo. Darei aqui o exemplo que Freud não cita, e que D. Burlingham, por sua vez, acha o mais surpreendente: o de uma transferência de pensamento entre uma mãe e uma criança em análise com analistas diferentes: "Durante sua sessão, a mãe fez a fantasia de atirar um jarro de água fervente em cima de alguém, num acesso de cólera. Ela havia sido testemunha de uma cena semelhante em sua infância. Uma hora mais tarde, ela está à mesa com os filhos. O mais novo das crianças brigava com a irmã mais velha. Ele se levantou de repente da mesa e voltou alguns segundos depois trazendo um copo com água fumegante. Avançou para a irmã gritando: "Você vai ver o que vou lhe fazer", ameaçando-a. Este ato era completamente inabitual e inesperado de sua parte. De onde um tal fato poderia se inserir na análise da criança? Teria aquilo realmente a ver com a criança? Se não, o que seria essa estranha forma de comunicação? Sabe-se que Freud não hesitava em escrever que, se este gênero de observações "se confirmasse", não deveria deixar mais "nenhuma dúvida quanto à realidade da transmissão do pensamento[13]". Que outra explicação se poderia propor?

D. Burlingham termina seu trabalho com uma observação que tem seu valor, pois que no mesmo momento Freud escrevia que a análise de crianças permaneceria, sem dúvida, o apanágio das analistas mulheres[14]. Ela sublinha, ao contrário, a dificuldade para uma mulher de não se deixar levar na análise por uma tendência maternal com relação à criança, com a idéia de que, se ela fosse a mãe daquela criança, seria uma mãe bem melhor que a mãe real.

---

[12] "Child analysis and the mother", in *Psychoanalytic quarterly* IV, 1935. Assinalo que essa analista publicou trabalhos:
– sobre o problema dos gêmeos: cf., por exemplo, *The psychoanalytic study of the child*, 1945, I, p. 205-210.
– sobre a análise simultânea, cf. *Psychoanalytic study of the child*, 1955, VI e X.

[13] S. Freud, *Nouvelles conférences sur la psychanalyse*, Idées NRF, p. 76 e 77. Sobre esta questão, cf. igualmente, em *L'occulte, objet de la pensée freudienne* de W. Granoff e J. M. Rey, PUF, 1983, p. 189 a 194.

[14] Op. cit., p. 195.

Vê-se que essas diferentes analistas encontram seu meio de ação, ao mesmo tempo que seus limites, na questão da transferência. Sem dúvida alguma, é este ponto que podemos reconhecer como a aquisição da psicanálise: será que é possível não deixar como resto essa transferência ilimitada para um adulto ideal? Como pode o analista que a criança encontra em seus anos de infância articular este "mais tarde", única articulação a poder moderar uma crença na prevenção pela psicanálise de crianças?

Para começar a responder a essas questões, talvez seja necessário, antes de mais nada, resolver uma dificuldade. Não se chega, realmente, a tirar a psicanálise com crianças de um certo isolamento que acaba por lhe conferir uma independência de fato. É sempre difícil fazer com que participem de discussões sobre questões da prática com crianças os não-analistas de crianças, se ouso dizer. A E.F.P., aliás, não escapou a essa tradição. Quando se relê os textos, vê-se, no entanto, que houve momentos importantes, por exemplo, entre Lacan e F. Dolto. Uma primeira vez, em 1953, F. Dolto marca seu desacordo: "...houve uma passagem que me deixou triste. Vou abordá-la diretamente. É a maneira pejorativa como Lacan fala da mitologia da maturação instintiva. Não posso suportar que seja desacreditada esta hipótese... isto dito, Lacan parece ignorar tudo o que se pode fazer de útil com esta noção hipotética, mas que considero, de minha parte, necessária, a noção de maturação afetiva. Não somente eu me sirvo dessa noção, mas não posso dispensá-la para trabalhar"[15]. Uma segunda vez, em 1964, F. Dolto se levanta, durante um seminário de Lacan, para reafirmar a necessidade dos estágios[16]. Estes são momentos importantes mas sem uma continuação, sem conseqüência recíproca nem institucional.

Como avançar, finalmente, como sair dos debates repetidos sobre as mesmas questões, se estas só concernem a uma única categoria de analistas, aqueles que recebem crianças? Deve ser possível, entretanto, agora, com quase um século de prática analítica, tirar a psicanálise com crianças desse estatuto de subespecialidade da psicanálise. Se historicamente a psicanálise se dividiu em duas, uma de Freud e outra de sua filha Anna, se é numa transferência de Ferenczi para M. Klein que esta come-

---

[15] Intervenção de F. Dolto no Congresso de Roma, em 1953.

[16] J. Lacan, *Les quatre concepts fondamentaux de la psychanalyse*, Ed. du Seuil, p. 62.

ça sua prática de analista pelas crianças, o que está longe de ser aceitável, e mesmo que os analistas de hoje sejam herdeiros dessa história que não foi feita por eles, é a eles que cabe responder por ela, não repeti-la nos pontos que não devem ser repetidos.

É a partir da prática com adultos que a questão da análise durante os anos da infância deveria ser retomada. Se observarmos toda esta soma de experiências, poderemos fazer duas constatações: uma, mais perturbadora, é que, quaisquer que sejam os pressupostos teóricos e os meios técnicos dos analistas, a maioria dos pacientes obtém resultados; a outra é que, em todos os casos, jamais se sabe nada sobre o que se tornam esses jovens pacientes na idade adulta. Essa ausência de trabalhos se deve ao fato de que o tratamento teve tanto sucesso durante os anos da infância que não se faz mais apelo ao analista, o que confirmaria um efeito de prevenção? Ou antes, isso onde se detém o trabalho analítico, esse resto de transferência de que falei, impediria mais tarde um retorno à análise? Última hipótese, será que os analistas que reencontram alguns desses pacientes na idade adulta não exploram o material que têm, e com o qual poderiam elaborar esse "mais tarde", porque ainda estão nessa clivagem histórica da psicanálise? Contribuir para superar essa clivagem, tornando a partir deste ponto, isto é, deste retorno dado pelos psicanalistas que não foram o analista dos anos de infância, tal é, parece-me, o passo que temos que franquear.

Com uma criança, um analisando passa

Martine Gauthron

Você atende crianças?

Esta pergunta circula entre colegas analistas, solicitados por terceiros, procurando alguém a quem encaminhar um "jovem paciente", ou pais que exprimiram sua preocupação com um filho.

Utilizar um critério de idade para repartir os demandantes de uma escuta analítica evoca a idéia de uma especialidade que estaria reservada a alguns psicanalistas ("especialidade" nos remete ao discurso médico), ou pelo menos a idéia de um setor particular, de um ramo da psicanálise. Perfila-se então a imagem (banal para aqueles que nos consultam, mas pregnante, também, para certos analistas) de um especialista suposto *saber trabalhar* com crianças, em virtude de seu gênio clínico ou de seu conhecimento teórico.

Quando essa pergunta me é feita, ela ressoa sempre, para mim, de uma outra maneira. As crianças com relação à psicanálise, isto evoca em primeiro lugar aqueles que eu encontrei no tempo da minha formação. Deste encontro, que foi a parte que coube a alguns dentre nós, que ensinamentos podemos tirar? Para além de nossos itinerários originais, e necessariamente singulares, vou tentar, na releitura desse percurso, destacar os pontos comuns, uma via de passagem — diria de passe? — para os analisandos que éramos, rumo à função de analista.

Tentarei em seguida demarcar os traços dessa passagem, tais como insistem na minha política atual junto a adultos e crianças.

Saíamos[1] de nossos estudos universitários com aquilo que estes nos

[1] Vou empregar o "nós"; ele situa pessoas com as quais tive a ocasião de constatar uma trajetória comum.

haviam proposto como saber mais ou menos elaborado, orientado em direção à medicina ou às ciências humanas. Conforme nosso investimento ligado a toda uma organização neurótica, havíamos integrado esse saber de maneira particular. A urgência era a de ganhar a vida, e para isso encontrar um emprego. Estes eram raros, e encontrava-se mais freqüentemente uma oferta nos estabelecimentos para crianças. Logo, foi neste quadro que se efetuou para nós o encontro com as crianças, na presença de um terceiro chamado instituição. Este terceiro nos pagava, organizava o enquadre de nosso trabalho, até mesmo seu conteúdo imaginado num objetivo *terapêutico*, e não analítico, em resposta aos sintomas apresentados pelas crianças. Estes sintomas serviam também de carteira de identidade para os estabelecimentos, e de critério de admissão. Eles diziam *de que tínhamos que nos ocupar*: de débeis, de desajustados, de casos sociais, de epilépticos, etc.

Em seguida a um certo número de antecedentes, as crianças tinham sido colocadas ali. Em seguida a seus cursos universitários, os "psi" (segundo a expressão consagrada) tinham encontrado um lugar ali. Esse encontro não deixou de ter efeitos para nós, efeitos inesperados com referência à expectativa antecipada pela instituição. O tempo passou e as lembranças foram modificadas pelo trabalho de análise pessoal. Portanto, é no só-depois que reconstruí os deslocamentos operados pelo encontro com crianças em instituição, quando ainda não estávamos iniciados na prática de curas de adultos nem de crianças.

Na escuta daquelas crianças, estávamos submetidos a questões fundamentais, no sentido forte de "tocando em nossos fundamentos". Respondíamos a elas, *criando* sintomas, buscando proteger-nos dos remanejamentos angustiantes engendrados pela *crise* produzida em nós. Crise do saber universitário, inoperante naquele contexto, mas também de todo o saber depositado em nós durante nosso percurso social e familiar, e de nossas referências identificatórias.

Vou situar esses momentos de crise em torno de três temas principais:

1) o corpo na sua dimensão pulsional, pulsões ativas e pulsões de morte (de repouso) e a articulação corpo biológico/corpo de gozo;

2) o corpo na sua dimensão histórica, remetendo a uma genealogia;

3) o corpo na sua ligação com a linguagem.

1. Encontrar-se com aquelas crianças era, em primeiro lugar, confrontar-se com corpos, não sem choques, na violência, numa sensorialidade que punha em ação odores, contatos de pele, posturas pouco habituais (crianças inválidas, com marcas de deformação), era descobrir as disfunções relativas às necessidades fundamentais, a fome, a sede, o sono que nos angustiavam em nossa própria organização interna, reativando as imagens arcaicas inconscientes do corpo, ativas nessas crianças, recalcadas em nós. Esses sinais testemunhavam uma dinâmica pulsional não-marcada pelas castrações culturalmente conformes, ou uma significância aberrante para nós, isto é, representando cenas que jamais existiram para nós. Não vou me estender no plano clínico, cada um vai evocar lembranças sem dificuldade. Certas crianças sem comunicação, ausentes em seus olhares, suas mímicas, ou absorvidas em estereotipias, confrontavam-nos com alguma coisa da ordem do *real* (no sentido daquilo que volta sempre ao mesmo lugar e sobre o que não temos nenhum domínio). Diante do insuportável dessa situação, tentávamos recriar um envelope corporal significante e repartir os corpos na instituição, organizando sem cessar o espaço, os ritmos do dia e repensando a circulação dos objetos (a roupa, a comida, os brinquedos). Outros tantos meios para *pensar* (no duplo sentido) o corpo desvitalizado da criança sem deixar ressoar demasiadamente em nós as angústias do despedaçamento, de invasão, com as fantasias que elas subtendiam. As nossas serviam de guia e de intérprete às das crianças, no não-dito. Quem diz "intérprete" remete a um discurso ou um texto a se decifrar: o corpo é codificado, e não tínhamos a sua chave.

2. Os corpos de crianças ocupando um espaço demasiado, ou insuficiente, surgiam na instituição e se apagavam (às vezes pela morte). De onde vinham? Éramos confrontados com a vontade de saber suas histórias, e através delas as causas possíveis de seus sofrimentos. Os *traços* escritos nas fichas remetiam a um percurso de sucessivas internações. Laudos médicos se empilhavam, acumulando diagnósticos como tantos outros signos distintivos de identidade. Buscávamos reconstituir uma história outra, convocando os pais, ou aqueles que tinham a guarda da criança, tentando fazer surgir os afetos e os significantes que haviam presidido à espera daquela criança, à escolha de seu nome, a seu lugar nas duas linhagens. Este trabalho sobre o genealógico ficava freqüentemente incom-

pleto, e marcado por nosso próprio romance familiar. A instituição comparecia ali com sua própria história, com seus relatos sobre sua fundação, as filiações que ali se organizavam, dotando as crianças de apelidos; o recém-chegado encontrava um lugar nos sistemas de alianças propostas com os adultos ou com outras crianças. Esta história-prótese servia, ao menos, de passado (o pesado passado institucional, como se diz) para crianças sem outro futuro que não institucional, o ingresso num hospital psiquiátrico na chegada fatídica dos 16 anos. É, particularmente, com as crianças que nos preocupamos de *encontrar os substitutos dos pais faltosos* ou desaparecidos, isto é, de pôr em obra nosso desejo de reparação. Esquecendo que a criança traz consigo uma longa história com seus elementos de transmissão de inconsciente a inconsciente, durante diversas gerações. Uma história pode brilhar por sua *ausência*, o corpo da criança é uma encenação desta história. D. Dumas: "os mitos servem de capa para uma realidade irrepresentável".

3. Chego ao terceiro aspecto da crise. O corpo na sua ligação com a linguagem. O encontro com essas crianças mudas ou barulhentas nos precipitava continuamente num ativismo de falas e de reuniões: "precisamos falar disso". Pensar que certas crianças não estão tomadas na linguagem, como nós, é *subversivo*. Não podemos imaginá-lo. Uma atividade intensa de leitura, de busca de sentido diante de comportamentos que nos seriam estranhos tentava preencher a hiância. Corte entre nossas sábias palavras e o corpo da criança. Corte entre a nossa língua e a dela. Corte entre nosso discurso e sua palavra ausente.

Estas angústias, estes impasses na escuta das crianças nos puseram para trabalhar.

Alguns podem tentar escapar disso, deixando o lugar de escuta por um papel de animador da instituição, de participação no trabalho educativo. Na medida em que aceitávamos manter nossa escuta, direi que essas crianças nos conduziram à psicanálise. *Elas eram as depositárias para nós de um saber inconsciente sobre o corpo e sobre o Outro.* Estávamos às voltas com este saber de uma maneira direta, e com nossa própria infância reativada. Foram nossos primeiros analistas (não nossos terapeutas).

Entretanto, era com um adulto que fazíamos nossa análise, e foi numa instituição que encontramos nossos formadores e parceiros de trabalho. Por que essa escolha? Isto seria o objeto de uma outra pesquisa, explorar essa ligação entre nossa experiência analítica e nosso encaminhamento à EFP. Gostaria simplesmente de mencionar o peso das palavras que figuravam no prefácio ao anuário da escola, no texto *Proposição de 9 de outubro de 1967*: "Não temos escolha, se não entre enfrentar a verdade ou ridicularizar nosso saber", "Nenhum ensinamento fala do que é a psicanálise", "No começo da psicanálise está a transferência. O sujeito suposto saber é para nós o pivô de onde se articula tudo o que é da transferência."

Esses textos também nos punham para trabalhar. É cedo demais para esclarecer o lugar que assumiam com relação ao nosso sofrimento. Investimos também uma instituição analítica na qual Françoise Dolto fazia seus seminários: ela reagia a nossa incompreensão do que se passava entre as crianças e nós. Ela desfazia as projeções que nós continuávamos, como adultos, a aplicar às palavras e comportamentos das crianças, e nos ensinava a escutar a linguagem singular de cada uma. Ela situava também a importância do trabalho sobre as gerações e a imagem inconsciente do corpo.

Depois deste tempo de formação, meu percurso conduziu-me a exercer a função de analista em caráter privado... (Privado de quê? Privado de quem?). Empreender curas em instituições não me parecia possível (no entanto, continuava a trabalhar nelas), por causa das interferências com a vida da criança na realidade, do encontro possível com as pessoas encarregadas de sua educação e do peso das decisões relativas à duração de sua internação. Essas dificuldades, porém, não estão inteiramente abolidas quando recebemos uma criança fora da instituição. *Uma criança nunca vem só. Ela desloca* pessoas consigo, daí a necessidade, num primeiro tempo, de pôr este coletivo para escutar. Como diz a canção: "eram seis na cama, e o pequeno disse cheguem para lá, cheguem para lá, eles todos chegaram e um caiu da cama. Eram cinco na cama, etc., até chegar a um, e o pequeno diz: ufa, enfim, só".

No consultório do analista, às vezes são muitos ao mesmo tempo ou em sucessão num período mais ou menos longo, e tem-se a impressão de que um "esquenta o lugar" para o outro. Na família P., a senhora faz uma consulta sobre os sintomas do filho mais velho. Depois de uma série de entrevistas que introduz no discurso um desfile de personagens das duas linhagens da criança, e de terceiros que intervêm com relação aos sintomas, um trabalho tem início com a criança e prossegue por vários meses. Depois, essa criança pede para interromper sua cura, sobre o fundo da presença da mãe, que se põe a falar então de uma irmãzinha que lhe cria problemas. Em seguida, será em direção ao pai que a angústia irá se deslocar. Este pai virá algum tempo depois, e ficará durante muitos anos em análise comigo. Perto do fim de sua cura, é o filho mais velho que irá retomar os sintomas preocupantes por sua conta. A seguir...

Vou propor aqui três hipóteses para dar conta dos deslocamentos que pude observar com as crianças que atendi até hoje, e a partir, também, do material trazido pelos adultos em suas curas, em particular quanto à experiência da gravidez vivida durante a cura.

Primeira hipótese:

Uma criança nos põe para trabalhar na medida em que ela introduz o novo. É o recém-nascido que constitui acontecimento (nem sempre feliz) e desloca a constelação familiar, o lugar de cada um é remodelado. Momento de crise para alguns, com tonalidade depressiva, momento de avanço para outros. É no momento em que uma mulher dá à luz que ela constata que jamais será sua própria mãe. É ao tornar-se pai que um homem sabe que jamais será o filho de sua mulher. É no momento em que é nomeada que a criança pode ocupar o lugar de uma assombração, ou de um duplo. Freud evoca essa possibilidade da repetição dos mesmos traços de caráter, das mesmas vicissitudes, dos mesmos nomes através das diversas gerações sucessivas. Uma criança nos faz passar do *heimlich* ao *unheimlich*: o que teria de permanecer secreto e escondido veio à luz no corpo da criança. *Heimlich* é o íntimo, o familiar, mas também o que é oculto, é uma palavra de significação dupla e ambígua: o que se revela e o que se esconde. Muitos sintomas em torno deste tema, "nada mais é como antes", são trazidos pelas crianças ou pelos adultos no começo de suas curas. A criança é *o revelador de uma organização patógena* familiar, cuja loucura não deixava nenhum lugar para a vinda de um vivo e sua fala, antecipadamente censurada.

Exemplo: O senhor A. vem pedir-me que o ensine a viver. Existem educadores para o seu caso? Dentre seus irmãos, um outro é oficialmente o doente mental, que faz carreira no hospital psiquiátrico; ele mesmo desenvolveu-se como pôde, retirando-se de todo confronto com os outros. Ele não sabe nem quem é, nem o que deve fazer com uma mulher e com os outros homens. Seu estado era tolerado pelos que o cercavam. Foi ao deixar seu ambiente familiar por razões profissionais que veio me consultar. A criança é aquela que confronta com a crise edipiana seus pais e seus irmãos, quando estes não encontraram, ou não superaram essa etapa. Ela é aquela que torna a pôr em questão nossas interrogações sobre o nascimento, ou provoca-as nos irmãos. "De onde vêm as crianças?", ou antes, "De quem nascemos?". O nascimento de uma criança, como tal, ainda não é um acontecimento, mas levanta a questão: o que, à revelia dos pais, fez encontro? *Este conceito de acontecimento, que estatuto lhe podemos atribuir em psicanálise*, com referência ao que se origina da fantasia e ao que dizemos do inconsciente? Cf. os trabalhos sobre o trauma e a noção de encontro. O que foi excluído do encontro retorna como aquilo que não pode ser introjetado. O que é um acontecimento psíquico, histórico, psicanalítico? Há uma distância entre a declaração no Registro Civil, a declaração de amor ou de ódio, a nomeação referente a uma criança e a possibilidade de que um sujeito advenha. Mas a aparição de um corpo pontua o texto familiar, ou traz uma nova letra que perturba o escrito preexistente.

Segunda hipótese:

Uma criança desloca o dispositivo social, familiar, na medida em que ela introduz um *distanciamento*. O dispositivo analítico que o psicanalista oferece ao paciente tampouco é poupado. O analista e o meio ambiente da criança partilham, com efeito, as projeções sobre a infância que se vêem presentificadas no quadro material oferecido aos consulentes: presença ou não de brinquedos e móveis de crianças na sala de espera, cômodo para crianças, decoração. (Um pai me disse, um dia: as crianças não devem se entediar aqui, ao ver os painéis decorados pelas crianças de instituição).

Exemplo 1: No começo de sua cura, ele dispensa os brinquedos oferecidos e me desloca rapidamente do consultório para me atribuir um lugar no corredor, entre sua mãe (na sala de espera) e ele. Distanciamento de "conduta" com relação aos comportamentos esperados num encontro entre estranhos, segundo as regras culturais.

Exemplo 2: Ela morde cruelmente minha mão estendida para lhe desejar boas-vindas.

Exemplo 3: Ela corre para a caixa onde acabo de pôr o dinheiro que sua mãe me deu e a esvazia, sob o olhar apavorado da mãe, que a quer fazer devolver à força.

Quanto aos objetos tradicionalmente propostos às crianças, como lápis de cor, massa para modelar, freqüentemente são os adultos que pedem seu uso como mediação. A senhora A., durante muito tempo, vai trazer modelagens; a Senhora B. guardará consigo a boneca-flor que eu lhe havia oferecido no meu material.

Deslocando nossa utilização habitual do espaço, dos objetos, das posturas corporais, são esses *distanciamentos de linguagem* que uma criança introduz. Ela nos lembra também que *nos comunicamos por todos os meios*. Convida-nos a responder à sua maneira de comunicar. As palavras que propomos chamam as palavras, com os erros possíveis sobre o que nos é dito. Com essa importância da linguagem, uma criança nos confronta com os vastos problemas do *acesso a uma língua* outra: importância da língua materna como sendo aquela que nos fez renunciar a nossas possibilidades fisiológicas fonemáticas para eleger os fonemas dos pais. Importância de aceder a uma língua outra, ao estrangeiro. Importância da tradução de uma língua para outra. *A criança tem uma escuta particular* da língua que tem pontos comuns com nossa escuta analítica dos pacientes. O analista está atento ao aspecto polissêmico da língua. Um efeito inesperado da língua falada por uma criança é confrontar-nos com o nosso uso da língua psicanalítica. Não temos, com uma criança, esse vocabulário técnico divulgado pelos livros e pela mídia, que nossos pacientes empregam para nos seduzir. (Pequena história do paciente que se queixa a seu analista: durante uma sessão silenciosa em que ele mexia com os dedos do pé, seu analista o fez observar este movimento corporal. Furioso, o paciente responde: "Não vim a um analista para ouvir falar dos meus dedos do pé"). Certos pais utilizam diante de nós, com seus filhos, uma língua infantilizada (e não infantil), crendo estar assim no mesmo terreno que eles. É sempre importante observar os temas de conversação que são assim traduzidos numa língua que se diz ser comum. Uma criança nos desloca do "silêncio analítico" esperado, ou cômodo para o analista, em direção à tomada da palavra. É interessante notar que duas teorias extremas se opõem, a propósito do dizer da criança. Ou bem ela é o *infans* que não compreende nada, não tem nada a dizer, não ouve, não suportaria que se falasse com ela sobre provações como a morte ou o gozo. Ou bem ela é aquela que levanta as questões essenciais, a verdade saindo-lhe da boca. O que é afirmado pelos extremos talvez seja algo a propósito da relação inadequada entre as palavras e o real.

Terceira hipótese:

Uma criança desloca nossa relação com o tempo.

Guardamos na memória os traços do encontro com tal ou tal criança, na sua aparência corporal, um rosto, um olhar, uma postura. Esses traços ficam fixados no que se passou para nós com ela. Nós os eternizamos. Mas, quando nos acontece de rever a mesma criança dez anos depois, descobrimos uma aparência física outra. O tempo passou. "Não o vimos crescer. Como mudou". Qualquer que seja o seu atraso e as suas dificuldades, a criança se tornará homem ou mulher, depois velho, e vai percorrer seu tempo numa direção. A sociedade, a escola, regulamentam esse percurso, fixam as etapas da vida com os direitos e deveres esperados de cada idade. A partir desta imposição social, serão observadas e vigiadas as defasagens no tempo: os atrasos, a precocidade. Entretanto, não há perspectiva genética a propósito do desejo.

Uma criança desloca nossa apreensão do porvir. Cf. Levinas: "O filho não é um acontecimento qualquer que me ocorre. Não é simplesmente minha obra, ou um objeto fabricado. Tampouco é minha propriedade." A relação com a criança não pode ser indicada pela utilização das categorias do poder, ou do ter. A paternidade ultrapassa o projeto da dualidade. Desdobramento do pai, que reencontraria com seu filho uma nova juventude. E relação fusional: meu filho é eu, um outro eu. A existência do filho *convoca a exterioridade* do pai com relação ao filho. O futuro não é mais, então, aquilo que queremos dominar e controlar no tempo presente. O futuro chega com a criança, na medida em que é o que cai sobre nós, *o futuro é o outro.*

Concluindo*:*

- a criança, na medida em que ela cria a experiência da paternidade;
- a mulher, na medida em que ela presentifica a diferença sexual, e
- a morte, na medida em que surgimento do desconhecido, têm em comum o fato de serem situações portadoras de alteridade. "Portadoras", isto é, anunciando essa alteridade *num encontro sustentado por um corpo que o enuncia.*

A tara e o símbolo
Elementos de uma psicoterapia de mãe de autista

Anne-Marie Deutsch

Quando um psicanalista vê chegar uma criança autista e sua mãe, ele se pergunta de quem se encarregar. No caso que vamos aqui estudar, eu escolhi — veremos por que mais adiante — empreender a psicanálise da criança, através da psicoterapia da mãe. Trata-se mesmo de uma psicanálise, para essa criança de quatro anos, uma vez que veremos aparecer manifestações perfeitamente *transferenciais,* no sentido em que a criança reproduzirá, na transferência que tem comigo por intermédio de sua mãe, comportamentos que já tinha esboçado, na idade de um, dois ou três anos.

Chamaremos essa criança de Jean-Dieudonné A. O primeiro nome foi escolhido pela mãe, a Sra. A., por ser o de seu pai muito amado, mas, ao mesmo tempo, o do pai detestado de seu marido, vindo um assim anular o outro. O segundo nome foi escolhido pelo pai: é o filho esperado. "Não se entende por que ele escolheu este nome, já que não queria de modo algum um menino, mas somente uma menina", me dirá a Sra. A. O valor simbólico desse nome dado pelo pai encontrava-se totalmente desmentido pela mãe — pode-se mesmo dizer, foracluído.

Isso começava mal, e não se consertou em seguida uma vez que o nascimento, previsto para a ocasião do Natal, e que dava assim ao pai a esperança de ver realizar o sentido simbólico do nome que ele tinha escolhido, foi antecipado em alguns dias, a pedido da mãe, pelo médico, que induziu o parto. Esse nascimento perdia assim toda significação para a Sra. A. Era "como se não tivesse existido no sentido do recalque"[1], ou

[1] Freud, in *Cinq psychanalyses.* P.U.F., Paris, 1967.

melhor, do simbólico. Não é de admirar então que a mãe tenha apresentado, naquela ocasião, um delírio de perseguição.

Começava mal, mas o que começava também muito mal era a psicanálise dessa criança. Com efeito, quando a Sra. A veio consultar-se com seu filho, vi-me desarmada e perguntei-me de quem tratar: dessa criança totalmente átona e cuja ausência de receptividade a qualquer aproximação logo me desencoraja, ou de sua mãe, cujo discurso fechado não deixa muito lugar às intervenções da analista, ou, enfim, dos dois? Mas, nesse caso, as dificuldades verificadas no modo de aproximação de um ou de outro parecem se somar.

Com Jean-Dieudonné e sua mãe, minhas hesitações levaram-me de um a outro, e vice-versa, até o momento em que o clima de confiança entre mim e a mãe fosse suficientemente estabelecido, para que eu pudesse me espantar com sua total falta de sentimento de culpa diante dos sintomas de seu filho. Seu discurso era à imagem daquele da maior parte das mães de psicóticos: "eu sempre fiz tudo por meu filho". Mas à minha pergunta sobre sua ausência de culpa ela respondeu: "Muito pelo contrário, eu sempre pensei que, sendo epilética, certamente transmitiria essa tara a meu filho, que sou totalmente responsável por seus problemas".

I. A tara

O sentimento de culpa não se localiza, pois, no campo do imaginário: "eu sempre fiz tudo por meu filho", nem, como veremos, no campo do simbólico, e sim no do real: transmissão hereditária, genética, biológica da "tara". Esse discurso etiológico não é tão afastado daquele de certos pedopsiquiatras que recebem freqüentemente as honras da mídia.

O aparecimento, aos vinte anos, dessa "tara" epilética, teve diversos efeitos na economia psíquica da Sra. A. O primeiro foi circunscrever em seu ponto o sentimento depressivo generalizado, até mesmo o vivido persecutório, que pôde levar a um delírio de perseguição, na ocasião do nascimento de Jean-Dieudonné.

Por outro lado, lugar da negatividade total, a "tara" permitiu que fosse um pouco atenuada a angústia ligada a uma ambivalência maciça, diante, entre outros, de seu pai, ao mesmo tempo adorado e detestado por não ter correspondido à sua expectativa, ou de seu marido, ao mesmo tempo detestado tanto quanto apreciado, por representar o que o pai teria gostado de ser.

Enfim, essa "tara" transmitida a Jean-Dieudonné fez dele seu representante vivo, outro eu-mesmo da Sra. A., primeiro objeto, para ela, de amor sem ambivalência, até o momento em que... esta reaparece, sob o efeito do despertar simbólico da criança, graças à psicoterapia da mãe.

Essa "tara", vamos situá-la então no campo do real, em detrimento, como vimos, do campo do imaginário ("eu sempre fiz tudo por meu filho"), e do campo do simbólico que vamos estudar agora. A preeminência do real sobre os dois outros campos é idêntica à que Lacan definiu em seu esquema das psicoses. Os dois campos, do simbólico e do imaginário, são pois restringidos pelo real, mas também confundidos um com outro, o que está figurado no esquema pela assíntota ao longo da qual deslizam. É na tentativa de distinguir um do outro que se emprega a psicoterapia, liberando inicialmente o simbólico.

II. O símbolo

A angústia da Sra. A. é mesmo ligada ao simbólico, que supõe a impossibilidade da escolha de um só significado para um significante, escolha que, quando se realiza, é a irrupção do real psicótico no simbólico.

Por isso, a existência de uma criança psicótica, não tendo acesso ao simbólico, evita qualquer possibilidade de erro na escolha do significado, erro vivido de maneira tanto mais dramática quanto, para tais mães, o erro é a falta, portanto, a culpa absoluta, análoga à do melancólico, ao passo que a culpa do obsessivo é apenas relativa, porque ligada ao erro.

É na assimilação do erro à falta que se faz a confusão entre o imaginário do erro e o simbólico da falta em torno do real da tara. E é o que nos propomos a desmanchar.

Parece que as primeiras entrevistas que tive com a Sra. A a propósito de sua "tara" teriam permitido a Jean-Dieudonné um acesso a uma vida simbólica. É sobre a estranheza, para ela, desse mundo simbólico, que vai incidir o prosseguimento da psicoterapia.

Esse sentimento de estranheza diante do mundo simbólico de Jean-Dieudonné é o mesmo que ela tem diante do mundo simbólico de qualquer um, e que tinha, sobretudo na adolescência, diante do pensamento dos outros, essencialmente diante daquilo que os outros pensavam dela. Esse sentimento de estranheza diante do pensamento dos outros pudera se transformar, como vimos, em delírio persecutório, na ocasião do nascimento de Jean-Dieudonné. O sentimento de estranheza da Sra. A. diante do simbólico era tão grande que provocara seu isolamento na adolescência e acarretou uma total negação de toda atividade simbólica em seu filho.

Convém notar que a maior parte dos atos simbólicos provocados por Jean-Dieudonné aos quatro anos, devido à psicoterapia de sua mãe, são de *natureza transferencial,* no sentido em que reproduzem comportamentos surgidos de um a três anos antes e que, diante da ausência de resposta trazida pela mãe, ou diante da resposta totalmente negativa desta, tinham sido abandonados.

O primeiro dos atos simbólicos de Jean-Dieudonné foi o de pegar um biscoito para esfregá-lo na manga do vestido de sua mãe, antes de comê-lo. Não é necessário ser psicanalista nem kleiniano para compreender que esse ato tem o valor de uma incorporação simbólica. Mas para a Sra. A., por um lado, era intolerável, por outro, não tinha sentido algum.

O segundo ato simbólico foi a ação repetida de tirar-e-recolocar a roupa na máquina de lavar, que se pode interpretar como a ação de explorar o corpo de sua mãe.

Daí em diante, os atos simbólicos foram a repetição de comportamentos já surgidos e depois abandonados, nos anos precedentes. Tratava-se de se deixar cair, ao andar, para esperar que o levantassem, como se dava na ocasião em que aprendera a andar, aos três anos; porém esse fato, então, tinha ocorrido em condições um pouco ortopédicas; para Jean-Dieudonné, andar não tinha qualquer significação, uma vez que ele não tinha nenhum lugar para ir, ninguém para encontrar, porque a presença-ausência da mãe não tinha nenhum sentido.

Posteriormente, tratava-se de cuspir os alimentos de que não gostava, como já tinha feito com a idade de um ano; a Sra. A. pensa então tê-lo "empanturrado". Ou então ele guardava nos lábios esse alimento, para com ele sujar as paredes, a mesa e outros móveis, ou, enfim, enchia de novo a boca e tornava a cuspir para mantê-lo nos lábios, parecendo traçar ali um limite imaginário entre ele e sua mãe, entre o "bom" interiorizado e o "mau" projetado no exterior. É também a partir desse jogo bucal que poderá constituir-se a linguagem articulada.

Finalmente, um outro ato simbólico tinha sido a constituição de um objeto transicional: ele se pôs a mastigar diversos objetos têxteis, provocando, assim, seu deterioramento. Esse comportamento já se tinha manifestado há um ano: o objeto era, então, uma girafinha de pelúcia, que a Sra. A. se apressara em retirar de Jean-Dieudonné, desde que se tornou evidente que ele lhe tinha colocado sua marca.

Perguntei-me qual deveria ser minha atitude diante desse bloqueio do simbólico na Sra. A., bloqueio tal que todo significante era vivido como propriamente *escandaloso.* Passado o primenro momento de surpresa diante de tamanha incompreensão, adotei a atitude de dar explicações à Sra. A. sobre tal ou tal ato produzido por seu filho, dando-lhe um sentido e colocando-me assim na posição de fazer uma espécie de *educação simbólica.* Foi por causa desse papel educativo que hesitei, no caso da Sra. A., em empregar a palavra psicanálise, e preferi falar em psicoterapia.

A propósito dessa educação simbólica convém notar inicialmente que minhas explicações tinham como efeito fazer desaparecer, ao mesmo tempo que a angústia, todo traço de agressividade diante do autor dessas "travessuras" e que, mais adiante, essas explicações poderiam, numa segunda fase, ser re-eleboradas pela mãe, fonte de um verdadeiro discurso simbólico que ela começa a manter sobre seu filho.

É preciso perguntar-se em que esse papel de intérprete simbólico que toda mãe assume, mais ou menos, junto a seu filho, não podia de modo algum ser desempenhado pela Sra. A. Ela não podia desempenhar esse papel de intérprete simbólico porque, nesse jogo, as pessoas se enganam e era isso, o erro, que ela precisava evitar a todo custo, já que para ela o erro é a falta.

Mas o fato de que assim o erro possa ser total faz com que, em contrapartida, a verdade seja absoluta. Aqui estamos longe desse "semi-dizer" da verdade de que falava Lacan, "semi-dizer", precisamente, fonte de erro.

Se para a Sra. A. a verdade deve ser absoluta, é para manter intacto o lugar de onde a mesma se enuncia, o lugar do Outro, representado por um pai simbólico, no mínimo deficiente, nesse caso. Se a psicoterapia da

Sra. A. não permitiu conhecer bem o que teria sido, na sua infância, a relação com seu pai, o que se sabe de sua relação, atualmente, com o pai que ela escolheu para seu filho, é um tanto problemático. Ele não pode ser para ela, de maneira nenhuma, o suporte de uma elaboração simbólica de sua relação com o filho; é nisso que há foraclusão de Nome-do-Pai.

O Nome do pai é foracluído, é incapaz de assegurar a transmissão simbólica da qual é normalmente o suporte. É então foracluído do simbólico, mas não está perdido de todo em seu papel de transmissão, entre outros, para o real. Porque trata-se mesmo do real na transmissão da tara que, juntamente com a transmissão do espermatozóide, permitiu o nascimento de Jean-Dieudonné.

É importante que se compreenda o que está na origem da impossibilidade da transmissão simbólica: ela se situa no nível da *falta* que se pode qualificar de original, uma vez que foi cometida pelo bisavô de Jean-Dieudonné.

III. A falta

Essa falta, pudemos abordá-la, quando eu me interrogava sobre o que havia provocado na mãe a ausência de referente simbólico diante de seu filho: ou seja, o pai de Jean-Dieudonné, mas por quê? Por que não a mãe dela, cujo papel seria, realmente, transmitir o que vem a ser a função materna, em seu sentido simbólico?

Dessa mãe ela jamais me havia falado, e justamente, me diz ela, porque a essa mãe era atribuída a perfeição nessa função simbólica — uma perfeição tal que ela fora incapaz de transmitir a função materna, pelo menos a duas de suas filhas: a mais velha não teve filhos; à segunda, a Sra. A., essa "mãe perfeita" dizia que ela não devia ter filhos — essa predição se confirma, no seu entender, pelo estado de Jean-Dieudonné. Essa perfeição da função materna na avó de Jean-Dieudonné, se é contrastante com a de suas filhas, é igualmente contrastante com a de seus pais.

É preciso notar nesse caso a versão, inicialmente toda dourada, da infância de sua mãe, dada pela Sra. A., tão dourada que chegava a enjoar. Mas como o ouro equivale aos excrementos, vejamos o excremento: *a falta.*

É a outra versão dada pela Sra. A. da infância de sua mãe, única sobrevivente de uma prole de seis filhos, todos falecidos muito jovens e, segundo a Sra. A., na maioria das vezes por morte acidental. O bisavô de Jean-Dieudonné se parece com *Cronos* devorando seus filhos, uma vez que a ele é atribuída a morte dos seus. Esse homem parece igualmente ter tido uma atitude pouco clara, em circunstâncias graves; e aí se situa a *falta simbólica,* posto que falta de honra.

Deve-se observar, nesse sentido, o não-dito na história materna. A explicação desse não dito, dada pela Sra. A., vai ser: "nós não temos espírito de família"; o que contrasta com a assertiva do início da cura: "somos uma família unida".

Seja como for, quando ela voltar a interrogar sua mãe sobre a história familiar, perceberá que a primeira versão que me havia dado do assassinato das crianças pelo pai (bisavô de Jean-Dieudonné) era errônea; é esta, entretanto, que se deve considerar como o mito familiar e operante sob este título. Este personagem representa o pai original ou primitivo, tendo todos os atributos do poder paterno: ele é rico, forte, autoritário. É o único na linhagem a apresentar esses atributos; mas ele cometeu uma falta e viu-se, desse modo, destituído de seu papel de pai todo-poderoso; essa falta, sobretudo, essa filha se empenhou em esconder, por sua atitude de reparação, sendo a "mãe perfeita".

Essa falta, mascarada, posta à parte do discurso familiar, não pôde de fato ser o suporte do assassinato simbólico do pai; e da ausência de assassinato do pai resulta a ausência de incorporação simbólica: para a Sra. A. a alimentação se situa no real, e em nenhum caso no simbólico. Certamente, não é por acaso que o primeiro ato de Jean-Dieudonné, durante a psicanálise, tenha sido de incorporação simbólica. Pode-se inferir que este tenha sido o primeiro ato simbólico que ele tentou produzir em sua vida, sem nenhum sucesso, naquela vez.

O último símbolo a criar problemas para a mãe é o objeto transicional que, também ele, representa a incorporação simbólica. É na medida em que foi aceito como tal, em sua função de repetição, que a vida simbólica de Jean-Dieudonné poderá prosseguir sem demasiados problemas, na medida também em que foi através disso que ele fez sua mãe ingressar na comunidade das mães (comunidade simbólica); quando ela falava disso com outras mães, estas lhe diziam: "mas o meu também faz a mesma coisa".

Conclusão

Vamos tentar compreender em que a *falta* simbólica cometida pelo bisavô de Jean-Dieudonné pôde se transformar em *tara* real, transmitida à criança por sua mãe que pensa ser sua portadora.

Vou definir inicialmente três campos da culpa:

— o simbólico da falta,

— o imaginário do erro,

— o real da tara.

Para justificá-lo, direi que a falta é simbólica — tem valor de significante — na medida em que pode ser recalcada. Se o erro é imaginário é porque é um erro de apreciação — um erro de ótica — e pode apagar-se, ou talvez se inibir. Quanto à tara, já mostramos que está situada no real do corpo.

Para analisar como se faz a passagem da "falta simbólica" do bisavô de Jean-Dieudonné à "tara real" em sua mãe, tara que se torna o único objeto a transmitir, vamos primeiro supor o que a falta vem a ser no inconsciente da avó: podemos pensar que ela esteja ali recalcada, excluída do discurso, mas com a faculdade de retornar ao mesmo. O recalque parece ter sido bem sucedido, na medida em que produziu uma formação reativa: a "perfeição" reparadora.

Ao contrário, na mãe, a falta está excluída do discurso, sem possibilidade de retornar, porque essa falta deve ser negada a todo custo e assiste-se a uma verdadeira renegação que cria um vazio no nível do discurso simbólico. É por esse vazio que pode irromper o real da tara. Podemos dizer que aqui onde é interpelado o significante "falta", não há nada, e que o lugar vago acaba de ser ocupado pelo real da "tara". Pode-se dizer também que esse preenchimento do vazio no simbólico dá-lhe a consistência do imaginário; e nisso há confusão dos três campos. É na medida em que uma hiância foi aberta no discurso da Sra. A., pelo questionamento da realidade da tara, que a separação dos três campos pode se dar, e a análise fica possível.

Para terminar, direi que a foraclusão do significante "falta" é sustentada pela foraclusão do Nome-do-pai; se o sujeito que sofreu suas conseqüências é, de fato, Jean-Dieudonné, ela provoca no entanto em sua mãe uma espécie de psicose assintomática, ou melhor, de perversão.

Pode-se inferir que essa psicose-perversão assintomática se produz em toda mãe de psicótico; analisá-la, tão claramente quanto possível, como tentei fazer, pode permitir uma melhor abordagem da análise dos psicóticos adultos, compreendendo melhor a formação da foraclusão, com os três mecanismos de defesa próprios a cada geração: recalque na avó (no simbólico), renegação na mãe (no imaginário), foraclusão na criança (no real).

Transferência e final de análise com a criança

José Attal

Vamos partir da evidência de que não há análise sem transferência. A partir daí, duas questões se colocam: 1) a transferência na criança tem o mesmo estatuto daquela do paciente adulto?; 2) se não, pode-se mesmo falar de psicanálise?

Outra evidência: as condições de engajamento de uma possível cura analítica com uma criança são diferentes daquelas habituais no adulto, essencialmente por causa do fato de ser outra pessoa, e não a própria criança, que se dirige inicialmente ao analista. Existe a passagem obrigatória por um terceiro, os pais, na maioria dos casos. Esta questão da demanda inaugural jamais deixa de surgir como "verdadeiro problema" nas discussões clínicas, sob a forma seguinte: "quem demanda o quê? como tratar a demanda? são os pais que demandam, mais que a criança...etc.", como se fosse espantoso que os pais demandassem alguma coisa para seu filho!

Falar em transferência não é falar de transferências, como todos podem fazer a respeito de qualquer coisa. Trata-se, mais estritamente, da *neurose de transferência*, termo eminentemente grosseiro, mas que convém conservar por ora, pois historicamente (mas ainda estamos nesse ponto) ele está na origem de duas concepções da psicanálise de crianças. O que estava em questão na grande e falsa querela dos kleinianos e annafreudianos era a existência, afirmada por uns e negada pelos outros, da neurose de transferência.

Anna Freud[1] afirma que não há neurose de transferência na criança.

---

[1] Remeto, nesse ponto, à notável exposição de P. Delaroche, "Psychanalyse et Pédagogie", publicada em *Les cahiers de Beaumont*, de 25-1-84.

Sabemos que Anna Freud "misturou" muito educação e psicanálise; será justamente essa *vontade* de considerar o inelutável (para ela) da dimensão educativa numa análise de criança que lhe fará deixar de ver o que tinha sob os olhos, a saber, a neurose de transferência, que, acrescento, ela *tudo fazia para estabelecer.* É o que me proponho a mostrar, através do que ela mesma diz sobre isso.

O caso de uma menina percorre sua obra: *O tratamento psicanalítico das crianças*[2]. Essa menina diz, sem rodeios, o que a perturba: "Tenho um demônio em mim, você pode fazê-lo sair?" Anna Freud aceita, impondo suas condições: "ela deveria fazer uma quantidade de coisas desagradáveis", e acrescenta, *entre parênteses*: (Eu pensava, naturalmente: *me dizer tudo*)" (p.16). Este "me dizer tudo", vamos observar, está em contradição com o fato de sustentar que não existe associação livre na criança, como faz A. Freud. Algum tempo depois, a menina lhe diz: "Anna Freud, eu não sou muito mais forte que o meu demônio? Não posso conseguir dominá-lo sozinha? No fundo, não preciso de você para isso." Resposta de Anna Freud: "Concordei inteiramente com ela, era muito mais forte que ele, mesmo sem minha ajuda." Depois de um silêncio, a menina solta: "no entanto eu preciso de você, nos momentos em que devo ser mais forte que ele, é preciso que você me ajude a não ser tão infeliz" (p.24). Esta seqüência ilustra a existência, entretanto negada, da neurose de transferência. Encontramos sua confirmação na continuação do relato, onde vamos ver até que ponto a neurose de transferência está ali, no sentido em que, numa cura, *a certas intervenções do analista pode responder um* acting out *do analisando.* Durante o tratamento, Anna Freud procura lhe "fazer ver claramente seu ódio por sua mãe", a criança resiste, mas acaba por reconhecê-lo "sob a pressão das provas". Um pouco mais tarde, depois que Anna Freud lhe fez uma visita enquanto ela tomava seu banho, a menina imagina que Anna Freud e ela vivem juntas muito felizes e decidem ter um bebê; mas logo pensa, "não acredito em Anna Freud, ela mente" (p. 49). A partir daí, rompe-se o idílio; a pequena começa a fazer, em casa e à mesa, brincadeiras escatológicas. À babá que veio pedir ajuda, A. Freud, tomando, como ela mesma diz, as coisas de maneira leve, aconselha "não aprovar nem censurar". O efeito é fulgu-

---

[2] Anna Freud, *Le traitement psychanalytique des enfants*, P.U.F.

rante: "na ausência de qualquer crítica, a criança perdeu todos os limites. Ela contou para todos, em casa, o que não havia exprimido até então a não ser em sua análise, inebriava-se *como antes, em meu consultório,* com uma quantidade de representações, comparações e expressões anais. Paralelamente, *ela não fornecia mais* material para sua análise". A cena se deslocou. E Anna Freud conclui: "de uma criança inibida e neurótica, eu havia feito uma criança má e perversa". Então ela decide reagir, e na sessão seguinte: "Declarei à menina que ela havia rompido o pacto, eu acreditara que ela queria me contar aquelas sujeiras para ficar livre delas, mas agora via que não era nada disso, ela queria contar todas aquelas coisas em casa somente pelo prazer que havia nisso. Eu não tinha nada contra, mas não podia compreender por que ela ainda precisava de mim. Podíamos interromper as sessões e deixar-lhe seu prazer. Se ela quisesse continuar as sessões, era necessário que *não contasse mais essas coisas a não ser para mim e para ninguém mais,* e quanto menos falasse disso em casa, mais coisas teria para dizer nas sessões". A pequena, então, ficou *"muito pálida"*, e lhe disse (p. 70): "se você me diz que é assim, então não vou falar mais nada". E A. Freud comenta: "o analista reúne em sua pessoa duas tarefas difíceis e, de fato, contraditórias: *é preciso que ele eduque e que ele analise*". Ora, nesse exemplo preciso, a intervenção de A. Freud nada tem de educativo, ela só faz recolocar (à sua maneira) as condições do prosseguimento da análise, corrigindo de certa forma sua própria falha que acarretou um *acting out* na menina. Tudo isso procede do que A. Freud vai chamar de condições de entrada na cura. Estas condições, aqui, são ao preço de uma verdadeira destituição dos pais. O analista, diz ela, *"vai decidir"* que parte das tendências sexuais infantis deve ser domada ou rejeitada como *inutilizável no mundo civilizado,* quanto deve ser admitido à satisfação imediata e que parte *deve ser* conduzida para a via da sublimação. Em suma, o analista vai se ocupar de tudo. Além disso, "a criança só vai se dispor a conferir *o primeiro lugar* na sua vida afetiva a este novo objeto de seu apego na medida em que sente que *a autoridade do analista está situada ainda acima daquela de seus pais*" (p. 66). Tomar o lugar dos pais como meio de ação aparece como um forçamento em direção à neurose de transferência, diga o que disser A. Freud. Mas, por quê? Aqui está o *hic*: "os pais, que foram a causa da doença da criança, são realmente as mesmas pessoas com os mesmos pontos de vista" [como se um ponto de vista não pudesse mudar], "parece *perigoso deixar-lhes a decisão* sobre o destino da vida instintiva agora liberada". Vê-se que o que pode haver de pertinente numa formulação desajeitada como "os pais, que foram a causa da doença", não é absolutamente reutilizado numa perspectiva psicanalítica: eles foram a causa, logo, vamos pô-los de lado.

A partir de uma tal posição com relação aos pais, como conceber que isso possa narcisicamente ser admitido sem mais problemas por uma criança? Será sustentável, para uma criança, lidar com alguém que assumiria semelhante lugar de maneira voluntarista?

Voltemos à transferência, já que só se trata disso, quando se fala em neurose de transferência[3]. Convém examinar as coisas, sob ao menos dois aspectos: o primeiro, anunciado acima, concerne à questão da repetição, e o segundo, evidentemente, é o que vem a ser o sujeito suposto saber, pois que a transferência se origina ali.

1) Pode-se falar de repetição numa cura de criança?

Uma criança não é "gente grande", as coisas não estão, nem completamente constituídas, nem completamente elaboradas, elas estão em curso; por isso, não se pode, portanto, fundamentalmente, falar em repetição[4]. Afirmo que se trata de pontos de estancamento, pontos de encalhe, *mas num percurso que está sendo construído* (e não já construído, o que faz uma grande diferença).

É um fato de experiência constatar que a criança nunca vai mais além daquilo a que seus pais a autorizam; isso é ilustrado, em geral, por um *não dito*, acarretando em eco essa aptidão particular às crianças para responder num registro de *não saber*, que se pode ouvir como: "Eu não tenho que saber", cujo ponto extremo *nada mais é que a debilidade.* Portanto, vou situar muito mais essa forma de repetição específica da criança como insistência de uma fala, *insistência de uma questão.*

Se levarmos as coisas um pouco mais adiante, vemos que, numa cura de adulto, a repetição implica alguma coisa de inacabado (com todas as rasuras que se quiser), *essa repetição faz referência à estrutura do sujeito.* Não é este o caso, na criança. Esses pontos de estancamento, esses pon-

---

[3] De minha parte, fico siderado ao ler, sob a pena de alguns analistas, "psicose de transferência"!

[4] Não se trata aqui, evidentemente, da repetição tipo *Fort-Da.*

tos-questão, relacionam-se com aquilo que ela é no lugar particular que se lhe atribui num mito familiar, ou num lugar de objeto de gozo, por exemplo, de qualquer maneira em relação com os significantes familiares e em primeiro lugar o significante "criança"; a criança está sempre intimamente associada à castração de seus genitores. Pois bem, ainda aí, é um fato de experiência clínica ver que este lugar da criança é *perfeitamente modificável* na fantasia parental, a partir do momento em que os pais não são postos de lado e que alguma coisa se analisa também com eles (não sem efeitos, decerto, e às vezes dramaticamente), permitindo à criança dar um passo a mais. A partir daí é impossível falar de estrutura acabada na criança, no sentido de uma posição singular imovível com relação ao desejo. Em suma, no sentido diagnóstico do termo, afirmo de minha parte que *não há estrutura na criança*[5].

2) Do ponto de vista da transferência, esta "inclusão" dos pais institui o analista num duplo lugar: ele é sujeito suposto saber para a criança, porque é sujeito suposto saber para seus pais.

O analista, de alguma forma, tem que suportar o que se poderia chamar de uma transferência familiar, onde é freqüente ver surgir três gerações, isto é, uma irrupção real dos avós na cura. Foi este ponto preciso — mal situado, pois ali onde só se trata de desejo, outros viram apenas comportamento — que deu origem, de maneira pervertida, ao que se qualifica de "terapia familiar", autorizando-se da psicanálise, ali onde se trata de uma coisa inteiramente outra. Na criança, é impressionante constatar que o sujeito suposto saber faz apelo, inicialmente, à noção de adivinhação, digamos que o sujeito suposto adivinhar é sua forma mais freqüente. Mais ainda, a cura, na maioria das vezes, só se engaja realmente depois de uma fala do analista que ressoa particularmente e faz a criança responder: "como foi que você adivinhou isso?" A título de exemplo, vamos lembrar Françoise Dolto dizendo a Dominique: "Isso não foi verdade", e Dominique lhe respondendo: "Como é que você sabe?[6]"; ou ainda Hans dizendo, a propósito de Freud: "como o professor pôde adivinhar tudo isso?[7]"

---

[5] Em geral, quando os analistas falam de criança histérica, obsessiva, psicótica ou perversa asseguram seu dizer unicamente a partir de sintomas.

[6] F. Dolto, *Le cas Dominique*, Seuil, 1971.

[7] S. Freud, *Cinq psychanalyses*, P.U.F.

Essa forma específica do sujeito suposto saber remete, principalmente, ao fato de que a criança está num *momento atual de constituição do recalque*.

A partir daí, deve-se constatar que, para muitos analistas que se ocupam de crianças (e não apenas delas), houve uma deriva, para não dizer uma perversão, no emprego do conceito de sujeito suposto saber.

No que concerne às crianças, não levar em conta o fato de que o analista suporta uma transferência familiar, considerar que estar próximo, ao máximo, da ética analítica com uma criança é somente escutá-la e acreditar no que inicialmente seus pais disseram sobre ela (*a saber, o que faz o elemento específico, o componente absolutamente irredutível de uma cura de criança*), em suma, desconhecer que é, em primeiro lugar, no nível do discurso sobre a criança que se observa, além do seu lugar, também alguns significantes de importância, nada mais é que, *simplesmente, zombar do saber textual!*[8] Uma tal posição vai implicar, a partir daí, que este é substituído, em todas as ocasiões, por um saber de referência, teórico; é acreditar-se freudiano *somente* à maneira como Freud respondia a Hans que "muito antes que ele viesse ao mundo, *ele já sabia* que haveria um menino que ia amar tanto sua mãe...etc.". O *já sabido* (antecipadamente) levou numerosos analistas a ocupar um lugar, não de suposto saber, mas de sabedor. Uma tal concepção faz com que a cura vire para uma dimensão inteiramente imaginária, tomando uma caução simbólica da produção de desenhos, por exemplo, certamente com a exclusão garantida de todo efeito de surpresa, o enquadre edipiano, como se deve, estando lá de antemão!

Encontra-se, entre outras, uma ilustração disso no n.º 29 de *Ornicar?*, a propósito de uma cura de criança e do questionamento específico do autor com referência ao fim da análise (p. 154): "Vão notar, no desenrolar desta cura, o *pouco conhecimento*[9] que tenho da história da criança e de sua família, *contentei-me*[9] em receber o que essa criança trazia, *sem ter*[9] que buscar informações alhures, *com a mãe, por exemplo*[9]. Enfim, vão notar outra coisa *muito simples*[9] que guiou minha ação: por um

---

[8] Saber textual que o analista, na sua ignorância inaugural, escolhe saber.

[9] Grifado por mim.

lado[9], a metáfora paterna, a referência fálica, *do outro*[9], o objeto. Certamente, eu poderia ter interpretado o despedaçamento de seu mundo inicial *a partir dos objetos pré-genitais*[9], mas parece-me que, no caso, a metáfora paterna desempenha o papel que Lacan atribuía ao seu estágio do espelho: *papel de vassourinha* que permite absorver a florescência do imaginário. Esse fio, a metáfora paterna *que permitiu que eu não me perdesse demais* (!), permitiu a essa criança tomar sua cura em mãos, pois sua cura, foi ela quem a conduziu, quanto a mim, eu diria que eu estava ali." Sem mais comentários.

De acordo com a posição da criança, vamos chamá-la como quisermos, criança sintoma, criança portadora da questão familiar, criança mais-gozar... etc., o saber textual se vê situado num duplo nível: no nível da criança, decerto, mas também e principalmente no nível dos pais, ou de um dos pais, no discurso que este mantém sobre a criança. Há necessidade, pois, de uma dupla escuta para o analista. O analista está em lugar de suportar uma transferência de dois lados. Como, a partir daí, não ver a impossibilidade de conduzir uma cura com uma criança, não querendo saber nada do discurso que é mantido sobre ela, não somente no começo, mas ao longo de todo o seu desenrolar?

Dado o que afirmei, concernente à maneira singular de situar transferência e sujeito suposto saber numa cura com uma criança, o que vem a ser o final? O final da cura com uma criança pode assumir diversas formas. A mais corrente é quando todos estimam que agora tudo vai mais ou menos bem, e considero, de minha parte, que não é possível forçar as coisas. Mas acontece também que, quando as coisas se modificam na criança, isso acarreta uma tal vacilação em um dos pais, devido ao fato de que o lugar que este fazia a criança ocupar vê-se de certa maneira vago, que ele vem pedir uma análise para si mesmo; o caso é freqüente. Há, enfim, um outro caso-modelo mais particular do que este: quero falar desses casos onde as coisas estão, aparentemente, resolvidas na opinião de todos, e onde, no entanto, essas crianças iniciam uma "segunda rodada" com uma dimensão que eu qualificaria de "didática", à falta de melhor definição. Esta segunda rodada é, com efeito, inaugurada em geral por uma série de questões relativas à sua profissão e à maneira de aceder a ela.

---

[9] Grifado por mim.

Tenho observado que, nesses casos, trata-se quase sempre de crianças às voltas com uma realidade extremamente difícil no que diz respeito aos pais (alcoolismo, doenças mentais, grande deficiência física...etc.); essas crianças parecem lidar desde muito cedo com a questão da castração de seus pais, como se devessem fazer prematuramente um trabalho de luto; acrescento, enfim, que essa "segunda rodada" parece ligar-se também ao fato de que elas estão freqüentemente em posição de ocupar, para a família, uma verdadeira função psicoterapêutica.

Uma palavra de conclusão. Para chegar ao fim de nossas afirmações, seria preciso tratar, com relação ao final da cura, da destituição subjetiva. Isso não se coloca diretamente, nestes termos, na criança, dado que transferência, sujeito suposto saber, e principalmente *o que está em jogo* numa análise são específicos na criança. Pode-se no entanto afirmar, no que toca a essa destituição subjetiva (momento em que o sujeito cai de sua fantasia), que se trata dela, não para a criança, mas para um de seus genitores (até mesmo os dois), na medida em que este operou (não sem efeitos para ele) uma *modificação*, até mesmo uma *destituição* da posição subjetiva de seu rebento na sua própria fantasia. É um fato que a dimensão depressiva está ausente, na criança em fim de cura, mas é freqüente observá-la nesse momento em um dos dois pais. Este é, muitas vezes, o preço a pagar para fazê-lo passar de uma dimensão de pertinência a uma dimensão de existência.

Uma última palavra relativa à questão insistente da diferença entre análise com uma criança e análise de adulto: proponho considerar, dado o que afirmei acima com referência ao "não haver estrutura" na criança, que a partir do momento em que há, precisamente, estrutura observável num jovem sujeito, não estamos mais na psicanálise *com* uma criança, mas já nas condições de uma possível cura "tipo".

A vida não é um sonho

Mayette Viltard

O adormecido no vale

Era um garotinho de oito anos. A morte de seu pai, cinco anos antes, deixara-o num estado de sideração, de incapacidade geral. Gentil, calmo, muito educado, ele não fazia nada na sala de aula e em casa ficava plantado diante da televisão. Como falava melhor desenhando, eu o deixava desenhar, e assim nos acompanhamos de sessão em sessão sem muito efeito.

Um dia ele começou a desenhar uns barbudos, "tataravôs", depois cercou cada um deles com uma moldura, acrescentou barbante e pregos, e obteve uma galeria de retratos. "Mas o seu desenho é um desenho de desenhos!", disse-lhe eu, o que o fez rir.

Na vez seguinte, trepado numa cadeira, ele faz no quadro-negro um desenho cujas dimensões o ultrapassam: montanhas, e um sujeito deitado embaixo. Desce da sua cadeira, fica de pé e anuncia: "vou lhe recitar uma recitação". *Sem título.* Todo contente, ele ataca: "É uma clareira no bosque, etc." Para alguém que não aprende nada em classe, ele sabe toda a recitação, bem no seu começo, depois cada vez mais hesitante. Chega, com voz vacilante, até:

"Ele dorme ao sol, a mão sobre o peito
"Tranqüilo. ....

Impossível dizer: *"Ele tem dois furos vermelhos no lado direito."* Sua angústia é violenta. Está pálido, com ar ausente. Toma a minha mão e a põe sobre seu peito. Troco minha mão pela sua e o vejo aos poucos recobrar suas cores, em silêncio, atento aos batimentos de seu coração.

Na sessão seguinte, vejo-o chegar... como um homem de negócios apressado. Usa um blazer escuro novo, uma pasta preta debaixo do braço (a pasta de seu pai, explica ele), consulta ostensivamente um grande relógio (o relógio de seu pai, igualmente), está quase caricatural. Preocupa-se com o futuro de seu irmão, de sua mãe. Tarefas urgentes parecem aguardá-lo, deixo-o ir às suas ocupações, ele me parece realmente ter partido para fabricar, como se diz, "bons" sintomas obsessivos. Digo-lhe adeus.

O espaço onde se desenvolveram os distúrbios dessa criança — distúrbios que Freud, no Homem dos Lobos, chama de "neurose infantil" — é aquele que se estende entre aquilo que o "impressionou", a morte do pai, e aquilo que interveio posteriormente, o recalque simbólico desse adormecido do vale. Entre esta "impressão", do domínio do imaginário, que não podia aceder à verbalização, e aquilo que, só-depois, caiu nos subterrâneos, *unterdrückt*, ninguém até então, nem a mãe nem os que o cercavam, pudera dar àquela criança o que Lacan chama "a palavra", como ponto central de recalque em torno do qual poderiam se organizar, não mais seus distúrbios de neurose infantil, mas seus sintomas de criança.

O adormecido do vale é uma nomeação, reconhecimento do desejo dessa criança no lugar do Outro, no caso, seu pai morto, nomeação cujo efeito é duplo. Ela permite, por um lado, constituir aquilo sobre o qual o desconhecimento vai poder se instalar (passar do que Freud chama de um inconsciente não recalcado para o inconsciente) e, por outro lado, constituir eficazmente o supereu, graças ao qual a criança poderá engajar, pela articulação do desejo com a lei, sua integração no mundo simbólico, pela via de sua história familiar.

Qual o valor de interromper ali, muito precisamente, a intervenção do analista? Se a vida fosse um sonho, como Melanie Klein deixa supor, o analista continuaria. Se se tratasse de uma cura de adulto, o analista não iria homologar o que poderia, então, originar-se da fixação do sujeito numa significação. Mas trata-se de uma criança às voltas com uma falha de recalcamento que se revela constitutiva e é indispensável que se levem em conta não somente os valores simbólico e imaginário deste recalcamento, mas também o que vem a ser o recalcamento *real*. Para isso, lembremos que o recalque incide sobre aquilo que Lacan, depois de

Freud, chama de representante da representação, *Vorstellungsrepräsentanz*. Vamos insistir então no fato de que, no famoso jogo do carretel do neto de Freud, o jogo do *Fort-Da*, o difícil é não perder de vista que, se o carretel é o objeto *a* e a mãe, a representação "impressionante", *Vorstellung*, o representante da representação "impressionante" é *o próprio jogo*. A única maneira, para o analista, de "participar" do que a criança está engajando, a caminho de realizar-se como sujeito, nesse tempo da infância, a única carta que o psicanalista tem na mão e que deve jogar naquele momento é deixar que *o próprio jogo* caia nos subterrâneos, seja recalcado, em outras palavras, "deixar parar por aí" e renunciar a conhecer os sintomas que, enfim, podem se construir.

De que maneira essa criança encontrará ou não, em seu caminho de adulto, aquele adormecido, *chi lo sa*?

Os laços do sangue

Não se deve deduzir daí que "fornecer a palavra" seja a parte que toca à intervenção do analista. No "acompanhamento" que ele faz junto à criança, em sessões freqüentemente muito próximas de sessões com adultos psicóticos, o analista pode simplesmente facilitar que sejam os pais que a forneçam à criança.

É uma menininha de onze anos. Ela vai bem, trabalha b e m n a s a l a d e a u l a m a s e s c r e v e d e s d e s e m p r e a s s i m e à m e d i d a e m q u e e l a c r e s c e o s s e u s p r o f e s s o r e s n ã o a d m i t e m m a i s e s s a p a r t i c u l a r i d a d e.

As sessões começam, comuns, a não ser pelo fato de que a mãe quer assisti-las. E como ela deve ter alguma razão para não querer "deixar" sua filha, deixo-a ficar. Elas são ambas cooperativas, espirituosas, quase se acreditaria que "batem papo". Até que:

— E a irmã dela?

A mãe: — A irmã dela?

—Sim, a irmã?

A mãe, divertida: — Não procure ligações entre a irmã e ela, em nossa casa as crianças vêm com a cegonha.

— ?

— Quero dizer que as adotamos, elas sabem disso, não há problemas por este lado.

— E vocês escolheram duas meninas?...

O ar ficou pesado de repente, a mesma angústia aperta as duas, inesperada, maciça.

— Sim, era a única condição que impúnhamos à adoção, nada de meninos...

— ?

— Sim, as crianças que se adotam, *não se sabe* de onde elas vêm, *você sabe*, com um menino haveria riscos, ao crescer, *os laços de sangue iriam falar*.

Na vez seguinte, a menina vem só. Está encantada, finalmente conseguiu o que lhe parecia impossível até então. Acreditam que se tratasse de sua escrita? De modo algum! Ela conseguiu inscrever-se no clube esportivo (de que jamais se falou) e espera fazer muitas amigas. Penso nos laços de amizade, e digo-lhe simplesmente adeus.

Starwar

Ele tem três anos, é formidável, fala "como um livro", mas sofre de terrores noturnos dramáticos, levanta-se à noite gritando, corre apavorado como para escapar de alguma coisa, procura arrancar o peito. Há várias sessões que eles vêm, ele e sua mãe. A mãe fala, ele está sentado, distraído. Trata-se de seu pai, ele escuta, bem educado. Ela se irrita contra esse pai impossível, estão se divorciando, faz uma lista de recriminações. "Ah, eu me pergunto o que ele está fabricando!" Ele levantou-se e está agarrado à mesa com as duas mãos, olhando para mim. Pergunto-lhe: "O que é que ele fabrica, seu pai?" Resposta imediata: "Robôs". A mãe ri: "Não, ele quer dizer... Meu marido trabalha com eletrônica." Ele mantém: "Robôs, foi vovó quem me disse." Eu pergunto: "Como é que são esses robôs?" "Por fora, são homens, e por dentro têm um círculo (ele traça um círculo sobre o peito, está usando uma camiseta clara com um grande círculo escuro na frente, tipo Guerra nas Estrelas), e se abrirmos o círculo há todos os mecanismos."

A mãe telefona na semana seguinte: "Acredita que preciso ir hoje? Pode ser uma coincidência, mas ele está dormindo bem há uma semana." "Faça como quiser". Ela não veio.

Em cada caso, por exemplo, neste desse menino, poderíamos desenvolver muitos aspectos do que, particularmente, o havia levado a fabricar aquele distúrbio: suas férias em casa da avó, suas perguntas aos primos sobre "como se fabricam as crianças", etc. Mas o ponto decisivo é reconhecer o momento em que a criança está "bem situada" quanto ao que irá constituir o núcleo do recalque, e aí renunciar a agir sobre a maneira pela qual a criança vai integrar a história familiar, "devolvê-la" aos pais que, pensamos com freqüência, vão fazer tudo errado. É exatamente com este errado que a criança deve ter que lidar diretamente.

Glloq

Nesse estado intermediário entre "impressão" e recalcamento, os encontros significantes se fazem em pessoa, e a criança lida com significantes vivos. É sob este aspecto que se deve considerar a entrada em cena, nas sessões, de outras pessoas, na maioria das vezes os pais, e vê-se que o arbitrário neste ponto sai de circulação, não se trata mais de jamais ver os pais, se não de encontrá-los a qualquer custo.

Assim se dá com essa criança de nove anos. Ele tem "problemas com o francês". Ele mesmo considera que não os tem, a não ser, pensando bem, um só: "Em francês eu nunca encontro o sujeito". Seu sobrenome contém dois L. Seu pai está "ocupado demais" para vir.

— "Você conhece a história do cara que se chama Glloq, e que não precisa tomar um avião?

— Conte para mim...

— ELE não toma avião porque EU tenho duas asas no cu." [NT: No original, *J'ai deux ailes au cul,* que soa como o nome, soletrado, G, dois L, O, Q.] Nós rimos.

— "Você sabe recitar o alfabeto bem depressa? ABCDEFGHIJK... (*ele toma fôlego*) MNOPQRSTUVWXYZ."

Ele recomeça uma segunda vez, igual.

—"Falta o L no seu alfabeto".

Ele perde seu ar risonho e responde a sério:

— "É porque é um alfabeto tcheco.

— Hein?

— Não tem L no alfabeto tcheco."

A angústia aumenta.

— "Foi meu pai quem disse, não tem, tem uma letra que é como um L, mas não é...". Ele faz o gesto de barrar alguma coisa diante dele. Chora.

Conta que seu pai lhe disse confidencialmente que estava apaixonado por uma mulher tcheca, tem medo que ele vá para a Tchecoslováquia. Vamos acrescentar que ele disse muitas vezes como as circunstâncias da separação de seus pais o obrigavam a escolher entre as duas casas, em Sacy-le-Grand ou Sacy-le-Petit, que se escreve *çà scie*, isso serra, como prova a sessão.

Na sessão seguinte, ele traz o pai em pessoa.

Aí está a trama simbólica, nessa presença do pai suportando o nome que a criança não conseguia descolar da língua, descolar da pessoa até lhe dar função de Nome-do-Pai, incapaz de encontrar o sujeito e conjugar Eu, Você, Ele. É por sua presença que o pai atua na sessão e esforçar-se para procurar o que foi que ele disse não serve para nada.

Análise de uma neurose obsessiva infantil*

Eugenia Sokolnicka
Licenciada em Ciências da Sorbonne (Varsóvia)

Em abril de 1919, um médico encaminhou para mim, em análise, um menino de dez anos e meio. A criança era pequena para a idade e muito emagrecida; sofria de diversos estados obsessivos. Não podia tocar em nada, de modo que sua mãe tinha que vesti-lo e alimentá-lo. Se alguém, principalmente a mãe, tocasse em alguma coisa com uma das mãos, o objeto em questão tinha que ser reposto no mesmo lugar, e em seguida a mesma operação devia ser executada com a outra mão, e depois com as duas ao mesmo tempo. Ele ficava particularmente irritado quando se colocava um objeto ao lado de outro. Ele mesmo não queria absolutamente tocar em nada. Quando isso acontecia, por acaso, a mãe devia cumprir o cerimonial. Em conseqüência, a menor ação se acompanhava de tantas cerimônias que exigia, com freqüência, numerosas horas. A mãe me pediu que lhe reservasse uma hora na parte da tarde, pois, como explicamos, ela não conseguia acabar de vestir o menino antes de meio-dia e meia. A criança sofria realmente de fome, porque ao comer cospia uma ou várias vezes na mão da mãe cada colherada que não fosse introduzida "da maneira certa" na boca. Antes de comer precisava, assim como a mãe, adotar uma determinada posição; quando um pé era colocado um pouco à frente demais, todo um cerimonial devia se desenrolar até que os dois pés estivessem perfeitamente alinhados, etc. Quando alguma coisa acontecia contra a obsessão, torcia-se de dor. Neste caso, ele tinha freqüentes ausências[1], depois se enfurecia, jogava-se contra a mãe,

* *Internationale Zeitschrift für Ärtzliche Psychoanalyse*, t. VI, *Jahrgang*, 1920, p. 228-241. Tradução francesa de Michel Cresta e Martine Meskel.

[1] *Geistesabwesend.* O termo *Geistesabwesenheit* (literalmente, *ausência de espírito*) é traduzido aqui por *ausência.* (Nota da tradução francesa)

arrancava-lhe as roupas, torcia suas mãos o mais fortemente que podia e muitas vezes a mordia (da primeira vez que ela veio me ver, mostrou-me uma cicatriz que tinha na bochecha, devido a uma mordida); em seguida, era tomado por crises de lágrimas e deixava-se cair sem forças sobre uma poltrona. Foi com base nessas ausências que um dos neurologistas mais famosos de Varsóvia diagnosticou uma epilepsia. Depois, quando se contava ao menino o que havia feito com sua mãe quando nesses estados, ele começava a chorar e a pedir perdão. No estado normal de consciência, a criança mostrava-se sempre obediente e bem educada, até mesmo educada demais. Fora seus estados obsessivos, sofria continuamente de uma forte enxaqueca e queixava-se de que "em seu peito havia uma pedra que o esfolava pela fricção". Agitava-se o tempo todo, a pedra o incomodava, e não tinha, em geral, um instante de sossego. Antes da doença, o menino freqüentava um liceu do Estado de Minsk, onde aprendia muito bem e mostrava-se muito dotado. Mal posso descrever o estado de inibição de pensamento a que tinha chegado: a maior parte do tempo, era incapaz de pensar, já que a dor de cabeça o impedia.

A doença declarou-se por ocasião de uma estada em Minsk, sob o regime bolchevista, onde a população, sobretudo os judeus (logo, sua família), passou por duras provações. O avô fugira diante da entrada dos bolcheviques: haviam-no condenado, em ausência[2], por ser reincidente, a uma multa de 100.000 rublos, de modo que o pai do menino, a fim de escapar, como seu pai, das perseguições, teve que fugir também e deixar a cidade bolchevista. A avó foi presa, mas logo posta em liberdade. A família foi submetida a alguns interrogatórios brutais. Em suma, temia-se continuamente pela vida, o que abalou fortemente aquela criança sensível. A mãe me contou que a doença manifestou-se no início com o fato de que constantemente, na rua, ele levantava os dois pés alternadamente para olhar suas solas. (Durante a análise, novos atos obsessivos surgiam sempre. Não saberia dizer se se tratava, em todos os casos, de "sintomas passageiros", ou se a mãe havia esquecido de me informar deles no início.) A doença era uma tortura para ele e para sua mãe. A mãe devia passar, como ele, por todo o cerimonial obsessivo, bem como pela doen-

---

[2] *Abwesend.* Só podemos observar a semelhança do termo com as *Geistesabwesenheiten (ausências)* da criança. (Nota da trad. franc.).

ça, falando propriamente, de modo que ele tomou posse quase exclusiva dela. Para os pais era impressionante constatar que ele, que outrora gostava tanto do pai e era amado por este, não deixava mais que o abraçasse depois da doença, e não queria sair nem ficar em casa em sua companhia. Em contrapartida, não se afastava da mãe.

O tratamento, que durou ao todo seis semanas, não foi uma psicanálise no sentido estrito. O paciente sonhava muito pouco, nada nas primeiras semanas, e depois raramente e de modo fragmentário. Durante essas seis semanas, obtive unicamente alguns sonhos bem estruturados, como é dado escutar regularmente em outros casos. No começo eu me dedicava exclusivamente a superar o caráter excepcionalmente fechado do menino e a vencer sua inibição de pensamento, a fim de obter à força um contato qualquer com ele. Minha intervenção foi meio analítica, meio pedagógica, mas fundada na compreensão analítica.

Em seus atos obsessivos, dois detalhes em particular me impressionaram: em primeiro lugar, por que o fato de que alguém pusesse (*legte*) um objeto sobre um outro o irritava ao máximo, e por que o caminho devia estar livre diante de cada objeto a se deslocar? Em seguida, por que se devia apanhar tudo com as duas mãos, sob pena de ter que refazer corretamente o gesto com todo um cerimonial, se o objeto fosse tocado por engano com uma mão só? Pedi-lhe que me contasse as idéias incidentes[3] relativas a isso, e perguntei se ele sabia alguma coisa sobre a origem dessa singular obsessão. Ele me contou que um dia, antes de ficar doente, queria subir à galeria que corria em torno da casa, pulando pela janela. A babá que se ocupava de sua irmã, quatro anos mais nova que ele, disse-lhe que não devia fazer aquilo; se fizesse, o Bom Deus iria castigá-lo, fazendo-o parar de crescer. E no entanto ele o fez.

"Mas o que é que o incomoda quando se deslocam os objetos?

— Quando fazem isso, o objeto não cresce mais, a mão que faz isso encolhe. Então é preciso recolocar (*zurücklegen*) o objeto com a mesma mão, depois pegá-lo e recolocá-lo com a outra mão, e depois enfim repetir a ação com as duas mãos juntas, e aí tudo fica bem de novo.

— Você acredita que os objetos crescem?

---

[3] *Einfälle*. Optamos aqui pela tradução proposta por *la Transa*, e pelas últimas traduções publicadas pela P.U.F. (Nota da trad. franc.)

— Não, não, agora não mais. Mas antigamente eu acreditava."

(Assim, ficou claro para mim tratar-se ali da transgressão de um interdito, e da proteção contra a punição do Bom Deus. Logo compreendi até que ponto a crença da criança em sua onipotência ficara inabalada, e até que ponto o curso da doença e a cura não dependiam do meu poder, e sim do seu).

"Bem, diga-me agora como chegou a obrigar sua mãe a fazer a mesma coisa, ela que não cresce mais?" Não me lembro mais exatamente da sua resposta, mas sei que se tratava de proteger a mãe contra uma doença.

Pouco tempo depois do início de sua cura, ao cabo de mais ou menos uma semana, esbarrei num obstáculo inesperado, mais precisamente um segredo que era impossível à criança trair, um verdadeiro tabu. Era interessante ver sua maneira de frisar que, se alguém soubesse, não seria mais segredo e todo o mundo poderia saber. E este segredo, ninguém pode saber, nem mesmo a mãe, a quem, no entanto, ele diz tudo. É-lhe absolutamente impossível falar disso, ou sobre isso, porque não pode dizer a ninguém, nem que sua saúde dependa disso. Por dias inteiros, todos os meus esforços diretos e indiretos foram em vão. Deixei, então, as coisas como estavam, e voltei meu interesse para uma outra direção. Até ali, nada fora dito sobre a sexualidade; a certeza que eu lhe dava de que podia me perguntar *tudo* e obteria uma resposta sobre *tudo* não foi seguida por nenhuma pergunta nesse sentido. Pois eu pensava comigo mesma: talvez chegue, por essa via, ao segredo, de uma maneira ou de outra. Pouco tempo depois, durante uma sessão, o menino mencionou o casamento da empregada e sua conseqüente saída da casa.

— "O que é "se casar"? Você compreende o que isso quer dizer?

— Não posso saber, sou pequeno demais.

— Alguém lhe disse isso?

— Sei por mim mesmo."

Foi então que lhe expliquei a falsidade de tal opinião. Ela contém um elemento de saber, mas certamente um falso saber. Acontece que os homens fazem muitas coisas que se tornam más, justamente por causa de um tal falso saber, mas essas coisas não são más por si mesmas e nem poderiam sê-lo, porque na natureza nada é mau. Ele mesmo impõe restrições ao seu próprio saber, restrições que se estendem em seguida ao mundo inteiro, e sobretudo à sua faculdade de saber. É por isso que ele não consegue aprender, e todos os seus esforços para não pensar lhe dão tamanha dor de cabeça. Proponho-lhe transformar esse assunto mau em conversas sobre ciências naturais, a fim de que ele aprenda o que as outras crianças de sua idade já sabem. Esses esclarecimentos sobre a sexualidade duraram alguns dias. Comecei, intuitivamente, pela fecundação das flores, e incitei-o a tirar conclusões por si mesmo.

Depois voltei, insensivelmente, ao segredo, dizendo que o ajudaria tanto quanto possível, mas que a partir de agora não sabia mais nada do que podia ainda atormentá-lo, e que se tratava certamente do segredo, que devia ter boas razões para permanecer assim escondido. Agora ele devia me ajudar a fim de que eu pudesse ajudá-lo em seguida (ele então já se sentia aliviado); era preciso que me confiasse "*o segredo*". Ele não quis prometer que o divulgaria para mim num dia próximo; a lealdade e o amor pela verdade desse menino eram tão grandes que jamais prometia alguma coisa sem a total certeza de poder cumprir sua palavra. Ficou de pensar no assunto até o dia seguinte. Finalmente, consegui escutar o seguinte segredo: seu amigo em Minsk, chamado Monja, contava que tinha um automóvel blindado contra os bolcheviques. Tinha tudo o que era necessário em seu interior para varrer o inimigo e fugir. O carro estava ligado por eletricidade à casa de Monja, e interviria assim que houvesse perigo. Um verdadeiro "cobre-te, mesa", como no conto, mas equipado com as últimas invenções do mundo moderno. Monja queria salvar sua família dos bolcheviques com o carro, bem como a do pequeno paciente.

Logo, nada de sexual; em contrapartida, uma magia na qual ninguém podia ser iniciado, sob pena de fazê-la perder seu poder. O amigo era, pois, o poderoso, o grande mágico. Devo dizer que a palavra "mágico" produzia em meu paciente um efeito encantador. Isso o deslumbrava, como se já tivesse ouvido aquela palavra há muito tempo. Durante a interpretação dos sonhos, da qual ele participou, mais tarde, intensamente, constatava sempre com alegria, quando a ocasião se apresentava, que era mais uma vez o mágico.

A partir daí Monja aparecia espontaneamente a cada instante em nossas conversas. Monja sabia de coisas desconhecidas para seu amigo.

(À sua maneira), ele o iniciava nos segredos da sexualidade. Assim, o paciente aprendia que as crianças vêm ao mundo porque o homem se coloca (*hinglet*) em cima da mulher"[4]. Monja era mais forte fisicamente, além disso insolente e mal educado (*unartig*) diante de seus pais, que o injuriavam com freqüência e batiam nele. Na relação, ele tinha a primazia sobre o garotinho tímido, sempre polido e extremamente mimado pelos pais, até o momento em que o paciente teve também vontade de se mostrar insolente e malcriado, o que só lhe foi possível recorrendo aos estados de ausência. Fazendo isso, Monja inflamava a imaginação do pequeno num sentido sádico. Contava para ele os mais conhecidos romances policiais (tinha uma vasta cultura nessa matéria), bem como operações cirúrgicas assustadoras praticadas por meio de grandes facas serrilhadas. Depois dos esclarecimentos sobre a sexualidade, o pequeno me interrogava sobre os partos, sobre o fórceps, etc. Um dia, declarou, a propósito disso: "Conheço um homem que tem que ficar sempre com a cabeça virada para cima, "olhando para o céu"; isso viria, talvez, do fato de ter sido retirado a fórceps do corpo de sua mãe?"

Vou tentar agora descrever como pouco a pouco os sintomas desapareceram no espaço de seis semanas de cura. Um sintoma substituía outro, e sempre se apresentava de novo. Muitos correspondiam a uma simplificação do sintoma desaparecido, por exemplo o fato de esbarrar num móvel com o corpo e ter que tornar a esbarrar nele com uma outra parte do corpo. Ou então, caminhando na rua, se roçasse com o pé num sapato de sua mãe, logo fazia o mesmo pelo outro lado. Durante algum tempo ele fez movimentos com as duas mãos na região do nariz, o que fazia, como me contou sua mãe, um louco de Minsk que aparecia nos sonhos do menino.

Durante algum tempo ele não permitiu que ninguém se aproximasse da cama de sua mãe, com quem ele dormia, e empurrou a cama de modo que um lado ficasse encostado à parede. Se ainda assim alguém o

---

[4] É evidente que *hinlegen* significa aqui *deitar-se sobre, estender-se*. Entretanto, quisemos restituir, pelo equivalente *colocar-se*, a ambigüidade da língua alemã sobre a qual se estruturou o sintoma. A criança queria que se recolocassem, *zurücklegen*, os objetos tocados. Um objeto colocado, *gelegt*, ao lado de um outro ou em cima de um outro o irritava. Ele não suportava nem mesmo os deslocamentos de objeto, *Verlegung*. Vê-se a importância desse radical, *legen*, que aflora a cada instante na cura e na neurose. (Nota da trad. franc.)

fizesse, ele subia na cama e se atravessava nela. Enfim, acrescentou a cada enunciação afirmativa uma negação. Por exemplo, "me dê chá, não me dê chá, quero, não quero; compreendo, não compreendo", etc.

Infelizmente tenho muito poucas notas sobre este caso, as primeiras referentes a um sonho que ocorreu um mês depois do começo da cura. Tanto quanto me lembro, ele havia sonhado pouco até então, e a análise dos sonhos progredia com muita dificuldade. Ao todo, anotei somente três sonhos. Assim, devo me apoiar na globalidade de minhas impressões e de minhas lembranças, bem como nos meios pedagógicos que utilizei, mais que no material psicanalítico. Pouco depois da passagem de que falei, na qual ele me havia confiado a origem do sintoma do deslocamento de objetos, este último desapareceu. Naquela ocasião, tentei explicar-lhe o que significava a pedra que o esfolava no peito: uma inquietação moral, uma apresentação (*Darstellung*) imajada da expressão "tenho um peso no coração". Este sintoma, também, desapareceu rapidamente. Foi somente no decorrer ulterior da cura que consegui fazê-lo perder o hábito de suas ausências da seguinte maneira: desde cedo observei que esses estados eram apenas superficiais, e apresentavam o único meio (fora do sintoma, e muito mais elementar do que este) de desrespeitar os interditos parentais. Tratava-se simplesmente de uma *espécie de maldade (Unart)* mascarada pela perda de consciência, uma maneira de se vingar de sua mãe, que certamente se mostrara "má" tendo filhos com seu pai. Nesse ponto, fiz com que ele observasse como era curioso que um menino, no entanto sempre tão polido, perdesse a consciência simplesmente para fazer o que as outras crianças fazem habitualmente por maldade: ele range os dentes, morde a mãe, rasga suas roupas, etc. Pedi então à mãe, na presença dele, que lhe contasse, se possível, a cada vez, apesar de suas lágrimas, tudo o que ele fizera durante suas ausências de espírito. "É melhor que você seja conscientemente mau e fique furioso com a mamãe", disse eu em tom de brincadeira, "prometo que depois da sua cura você vai ser bonzinho de novo". Em seguida, esforcei-me para lhe demonstrar que esses estados eram praticamente uma pura simulação. Provoquei uma vez, de propósito, um tal estado, e quando ele quis se lançar contra a mãe agarrei-o com as duas mãos, com força, e o deixei desabar numa poltrona. Ele começou então a gritar como um possuído: "Mamãe! Mamãe!", e sem largar suas mãos eu repeti: "Você não está consciente e chama a mamãe! Como é que sabe que a mamãe não está perto de você?" Enquanto brincava com ele dessa maneira, o nariz começou a coçar, mas ele resistiu. Depois que nos tornamos bons amigos e que ele adquiriu realmente a convicção de que eu me esforçava sinceramente pela sua saúde, e já lhe havia dado muitas coisas, pedi-lhe um sacrifício. Expliquei-lhe que ele tinha, na verdade, duas doenças: uma verdadeira, que precisava ser tratada por um médico, a outra aparente, produzida pela atitude dos pais que tudo faziam para agradar uma criança doente, porque tinham medo de suas lágrimas e de suas ausências e satisfaziam seus desejos injustos para prevenir aqueles estados. Mas essa solução é nociva para a criança, que aprende a tirar proveito e obter privilégios com sua doença. Essa segunda doença inautêntica é tão perigosa que não se pode vencer a primeira enquanto o doente não renunciar às vantagens de estar doente. Pode-se obter maiores alegrias estando com boa saúde que aquelas que nos fazem pagar prazeres tão pequenos com torturas tão grandes. A criança inteligente me compreendeu e confiou em mim. Eu lhe propus: "O melhor é irmos agora mesmo ver a mamãe (que estava, como sempre, na sala de espera), e você pedir a ela que não faça mais todas as suas vontades quando você tem suas ausências e fica furioso porque lhe recusam alguma coisa; você vai abandonar o privilégio da doença". Vê-lo lutar consigo mesmo para finalmente ceder era emocionante. Logo suas ausências desapareceram.

Fiz com que ele perdesse o hábito dos duetos obsessivos com a mãe. No começo da doença, a mãe raramente era obrigada a satisfazer o cerimonial obsessivo, mas com o tempo a freqüência aumentara. Pouco tempo antes do fim da cura, proibi pura e simplesmente a mãe de ceder, por medo de contradizê-lo, pois ao fazer isso, ele bem sabia, ela só fazia favorecer numerosos aspectos de sua doença. Acrescentei que lhe era possível realizar os atos obsessivos sozinho, e que saberíamos bem remediálos, mas como eu não queria ter de tratar também da mãe era preciso que ele a deixasse em paz. Minha firmeza, unida ao interesse e à simpatia que lhe testemunhava, triunfou mais uma vez sobre a complacência dos pais.

Vou mencionar os três sonhos que anotei, já que são característicos da doença.

O primeiro sonho mostra, mais uma vez, com o que se parece a famosa inocência das crianças e a maneira como elas registram tudo, apesar dos mais fortes interditos. Eis o sonho: "Num carrinho de criança, três moças estão sentadas, com um véu branco na cabeça. Um homem expulsa os meninos dali." Durante a análise do sonho, ele acrescenta: "o carro rodava sozinho".

Idéias incidentes:

Uma das *moças* era parecida com a garçonete de um restaurante, diante do qual ele passa ao vir me ver. As garçonetes fazem "porcarias" (*Lumpereien*). Mamãe, uma vez, contou ao papai que ela havia encontrado na rua um rapaz, filho de alguém conhecido, um grande malandro que estava com *três moças*. Papai disse: "Ah! O porco!"(*Lump*) Ele sabe que papai pensou que o rapaz fazia "aquilo" com as três moças.

É para casar-se que se usa o *véu*. No caminho para vir me ver, ele tinha visto, no dia da Ascensão, uma menina pequena vestida de branco, com um véu branco (ela ia à procissão). O homem que a acompanhava era idêntico àquele que expulsava os meninos no sonho.

Um dia, anteriormente, ele sonhara também com o *carro*, dizendo que pedira à mamãe, justamente, para comprar um, no qual ele iria passar o verão no campo, a fim de levar sua irmãzinha quatro anos mais nova para passear.

Ele afirmava também que o carro no sonho tinha somente três rodas, sendo uma roda na frente e duas atrás.

O sonho é relativamente claro. De saída, pode-se abstrair dois indícios da trindade no carro de criança:

1. Trata-se das *três* moças freqüentadas pelo jovem "porco".

2. Todas *três* estão vestidas de branco como a menina da procissão, como a noiva no dia do casamento, símbolo de inocência. De modo que sabemos tratar-se aqui de zombar da "inocência". O ponto central da condensação é o carrinho de criança, que o faz lembrar de sua irmãzinha, a qual, efetivamente, nasceu da *mãe*; esta última, pois, é o "grande porco" (*der grosse Lump*) = a garçonete que ele vê ao vir me encontrar. Sabemos, assim, que a derrisão é dirigida à inocência da mãe, ao segredo escondido pelo vestido de noiva. O homem igual àquele que conduzia a menina à procissão nada mais é que aquele que freqüentava as "inocentes"

moças porcas (*Lumpenmädchen*), isto é, seu *pai* que o mantém à distância do comércio sexual com a mãe, "que expulsa os meninos dali". O sonho se relaciona com a fúria contra os pais que engendraram a irmãzinha.

Os detalhes referentes às três rodas, e o fato de que aquele carro "roda sozinho" (= onanismo?), não foram elucidados.

Eis o *segundo sonho*, ocorrido cerca de dez dias antes do fim da cura. "Alguém tocou na mão do papai, e ela já está toda encarquilhada, ficou paralisada. Não, não a do papai, a de alguém. Sim, era o papai mesmo, eu não sei se era o papai ou um outro. Depois, colocaram ali (são estes, mais ou menos, os seus termos) eu, mamãe, papai e a irmãzinha, e um homem me tocou nas duas mãos, e elas também ficaram encarquilhadas e paralisadas. Papai disse, em judeu[5], ao homem: "É ele de novo!" Eu comecei a gritar, com uma grande dor: "Como sou infeliz!", e caí numa poltrona." Ele despertou num estado de tamanho pavor que acordou a mãe e não a deixou mais dormir durante toda a noite. Acrescentou em seguida: "Acho que pensei ainda em alguma coisa. Alguém, talvez o vovô, queria extorquir[6] uma força de um homem: o gás, o telefone, cem mil, era isso a força!"

Durante a análise, ele disse confusamente: no sonho papai curava também, tocando.

Idéias incidentes:

Ele começa pelo fato de saber muito bem que, mais uma vez, foi um mágico no sonho. *O homem que tocava suas duas mãos* usava um casaco de peles, igual ao que ele queria ganhar no próximo inverno, e seu boné tinha a mesma forma daquele usado pelos alunos do liceu. O homem, certamente, era ele mesmo; uma vez, o vovô tinha declarado, brincando: "Um menino grande como este já podia ajudar seus pais!" Logo, ele é sempre representado em sonho como um adulto. O homem se parecia também com um empregado de escritório que trabalha para os pais de um colega: ele foi preso pelos bolcheviques e condenado a um ano de prisão, mas fugiu antes do fim da pena. Os bolcheviques tinham

[5] Quer dizer, em ídiche. (Nota da trad. franc.)

[6] *Abschwindeln. Schwindel* significa *extorsão,* mas também *vertigem.* (Nota da trad. franc.)

condenado o avô ausente a pagar cem mil rublos. Depois, prenderam a avó mas a soltaram em seguida. O pai teve de fugir, pois seria perseguido em lugar de seu pai. Um dia o papai havia empregado a respeito dele *as mesmas palavras* em judeu que no sonho, dirigindo-se à mamãe, numa ocasião em que ele não parava de atrapalhar o pai, impedindo-o de escrever.

Em Minsk havia uma *louca* que andava pelas ruas. Dizia-se que quando ela tocava na mão de alguém, ou lhe cuspia em cima, ficava-se doente como ele e o papai no sonho. Ele sempre teve muito medo, mas as outras crianças riam dela.

"Eu sou tão infeliz", repetia ele freqüentemente, quando se atormentava durante sua doença. Era-lhe também impossível proferir palavras em sonho, como um mudo de Minsk que gritava o tempo todo, mas nada conseguia exprimir.

Ele não viu absolutamente *quem tocava papai.* Em contrapartida, sabe como o papai foi curado, também pelo toque. Quando as crianças e a mamãe voltaram de Minsk, o papai tinha ficado muito triste de saber que ele estava doente; agora, que está melhor, papai está contente de novo.

Contentei-me em interpretar, de uma maneira bastante global, o sonho para o paciente. Disse-lhe que era ele, como aliás já havia adivinhado de saída, quem praticava a magia. Mas como, e que tipo de magia? O "alguém", "o homem", como ele próprio reconhecia claramente ao contar as idéias incidentes, era ele. Era como tal que ele cumpria duas ações. Inicialmente, enfeitiça o pai, fazendo-o ao mesmo tempo adoecer, e neste papel ele se apresenta como um adulto. Identifica igualmente o pai e o avô, já que todos dois foram ameaçados pelos bolcheviques (o empregado preso). Depois, enfeitiça a si mesmo, sob traços mal disfarçados: ele é realmente aquela criança má que atrapalha o pai de propósito, não o deixando escrever. Neste papel ele está acima do pai; como me explicou, é dele que depende também, efetivamente, a saúde do pai. E em seguida pode praticar o cerimonial mágico, como faz na sua doença, ao passo que o pai não pode fazê-lo. Tudo se passa como se ele fosse malvado com o pai, como se, entre outras coisas, ele estivesse doente a fim de atormentar o pai. Mas então de onde provém essa fúria, por que ele fica tão furioso, já que de fato é ele que detém o poder? Justamente, no sonho, ele inverteu a ordem das coisas: antigamente o pai era o forte, o grande mágico que possuía uma potência sexual secreta (no pênis) que bem conhecemos. Como também sabemos, é por isso que ele deixa o filho furioso. Nada, em minhas notas muito fragmentadas, pode me indicar se foi naquele momento que introduzi a questão do onanismo, o que é muito possível, já que ficou claro para nós, na cura, que ele havia se masturbado em Minsk antes da doença, durante um curto período, mas sob a ameaça da mãe, segundo a qual aquilo causava doença, renunciara a isso. Tanto quanto me posso lembrar, tratava-se da segunda fase do onanismo; a primeira ele atravessara por volta dos quatro anos, e sua mãe lhe havia dito que devia deixar sempre as mãos em cima das cobertas. Não me lembro em que medida, nem se de fato lhe expliquei claramente a angústia de castração relacionada com o sonho, o que teria sido uma excelente ocasião; em todo caso, isso prova que não era muito necessário. Ele repete a mesma inversão com o avô, que quer extorquir de "alguém" um grande poder (gás, telefone, cem mil); é o que ele, antigamente, queria extorquir dos adultos poderosos. Não era ele, e sim o vovô, quem possuía os cem mil rublos. Mas o que ele subtraiu é muito equívoco. Só os adultos possuem efetivamente a verdadeira potência sexual. Sua magia (onanismo) nascida da sede de vingança, de maus votos contra o papai e o vovô, tornou-o infeliz, inibido como os loucos e simplesmente doente como o mudo.

Durante a interpretação do sonho, principalmente da segunda parte, ele se mostrou o tempo todo agitado, quase continuamente ausente, ou então repetia "sim-não", e também que gostaria de ir para o campo, quando é que eu ia deixá-lo partir? etc.

Vou acrescentar ainda algumas observações na medida em que o sonho é perfeitamente característico dos atos obsessivos do paciente. O que está em causa, aqui, é sobretudo a angústia de castração. Talvez ele tenha ouvido o pai e o avô proferirem a ameaça de castração, já que moraram juntos em Minsk e também antes da guerra; ou então, trata-se simplesmente do pai, e o fragmento em que aparece o avô querendo extorquir o poder não passaria de uma referência obrigatória ao começo do sonho: por que, então, ele enfeitiça o pai, em outras palavras, por que quer torná-lo doente? Mas, ao fazer isso, ele opera um deslocamento: "talvez fosse o vovô!". Assim, ele faz tudo melhor que o pai: inventa o mágico, que lhe permite fazer tudo por si só (onanismo), bem como o cerimonial que revela a paralisia das mãos. Quanto ao pênis eventualmente castrado, ele, em compensação, tem dois novinhos. (No sonho ele enfeitiça uma das mãos do pai, mas enfeitiça suas duas próprias mãos. A mão é, efetivamente, um símbolo do pênis.)

E ele utiliza tudo isso no cerimonial obsessivo, as duas mãos, justamente, e eventualmente duas partes do corpo[7]. Ao que parece, trata-se apenas da retomada dos detalhes do primeiro sonho: uma roda, duas rodas, o carro que roda sozinho.

Resta a questão: qual é a origem do grande pavor do sonho que o impede de dormir e o faz acordar a mãe? Procederia de um material profundamente adormecido no inconsciente? Não, ele veio de um conhecimento próximo, oriundo do mecanismo da doença, e que abriu para si uma passagem no sonho. Globalmente, não foi um verdadeiro mágico que o tornou infeliz, mas uma extorsão mal sucedida.

Dois dias depois, ele sonha:

Papai voltou para Minsk, mas deram-lhe quatro meses de licença. Mamãe e ele sobem e descem escadas sem parar, a toda velocidade. Na própria sala onde se reunia o conselho de alistamento para os homens, havia mulheres que faziam fila.

Idéias incidentes:

O *pai* voltou para Minsk, mas foi reformado devido a um resfriado crônico. No exército russo, em geral, não se dá *licença* por mais de três meses. Mas ele pensou consigo mesmo que talvez lhe dessem um quarto mês. As mulheres que fazem fila eram as esposas e mães esperando seus maridos e filhos que passavam pelo alistamento.

---

[7] Analogia com os atos obsessivos simétricos de que falou Ferenczi.

Interpretação:

Explico a ele o que significa essa licença de quatro meses: já que não era possível obter mais do que três meses de licença, isso queria dizer que o papai estaria, de fato, de volta ao *front* no quarto mês. E o que se passa então no campo de batalha? Ele respondeu então, mais ou menos indistintamente, que se pode cair no campo de batalha. E a mamãe não estava entre as mulheres que esperavam seus maridos, pois está subindo e descendo as escadas com ele. Além disso, explico a ele o símbolo "subir as escadas". Ele nada responde, e um instante depois relata todas as histórias policiais que Monja, tão entendido no assunto, lhe contou: Sherlock Holmes, Arsène Lupin, Pinkerton, e a forte impressão que essas histórias causavam nele, bem como a maneira como a mãe de Monja censurava o filho por isso, e como Monja havia costurado, para os dois, máscaras de seda como aquelas usadas pelos bandidos numa das histórias.

No dia seguinte, a mãe me explicou que o menino havia passado todo o dia terrivelmente nervoso, queixando-se de que eu queria fazê-lo acreditar que ele queria matar seu pai, ou desejava que o matassem. Ele acrescentava energicamente (como já havia feito comigo): "Eu nunca vou deixar que me convençam de que penso algo como isso!" Logo, ele havia tirado as conclusões daquilo que até então apenas se esboçara.

Como disse, no decorrer do tratamento novos atos obsessivos vinham sempre substituir aqueles que iam desaparecendo. Ainda que fossem devidos a uma criação provisória, ou apenas a lembranças, eram certamente característicos de etapas da cura. Eles não cessavam de se simplificar; em geral, os sintomas obsessivos são complicados somente na aparência, mas são fundamentalmente coerentes. Seu ponto de partida era a transgressão (*die Überschreitung*) de um interdito (o fato de pular a janela, em vez de passar pela porta)[8] — o último fundamento, o onanismo. O ponto comum a todos os atos consistia em:

1. *O toque*: um feitiço que permitia a transgressão do interdito (= onanismo, como substituto da relação sexual).

---

[8] O doutor Geza Roheim me fez observar que essa maneira de agir, assim como o fato de montar (*Überschreiten*) num corpo, representa um símbolo bem conhecido do coito no folclore.

2. *O cerimonial*: um desencantamento, conseguindo prevenir as conseqüências do toque (= castração e doença devidas ao onanismo).

É interessante notar que a negação contínua do que ele dizia tenha surgido como última obsessão (quero, não quero, mesa, não mesa, etc.). Parece tratar-se da extrema expressão da simplificação, o núcleo mesmo da ambivalência. Alguns dias antes do fim da cura, isto é, antes de sua partida em férias para o campo, pedi-lhe que me explicasse por que acrescentava, em seguida, esse "não" a tudo que acabava de dizer. Ele explicou: "Vamos supor que a mamãe esqueça de me dar chá, então eu lhe peço: Mamãe, me dê chá, e em seguida acrescento: não me dê chá! É como se eu não tivesse dito nada, e ainda assim a mamãe sabe que deve me dar chá." Esta explicação não seria uma bela contribuição à psicogênese dos seus atos obsessivos?

No dia anterior à sua partida, depois de despedidas muito comoventes, pedi-lhe que me prometesse vestir-se sozinho no campo, e portanto que tocasse em tudo. Ele não prometeu nada, porque isso tinha sempre o sentido de uma autêntica palavra de honra para aquele homenzinho honrado; declarou simplesmente que ia tomar cuidados para satisfazer meu pedido. Algumas semanas depois, a mãe veio ver-me, contando que os esforços tinham surtido efeito. Além disso, me disse a mãe, minha autoridade era tal que tudo se podia obter dele simplesmente pela evocação do meu nome, sucesso que se pode atribuir, acima de tudo, ao desvelamento do seu sistema, que se operou, além do mais, sem o menor sinal de vergonha. A mãe me disse também que meu paciente ia muito bem. Alguns traços, ainda, da doença superada se faziam sentir, mas nada de novo. Ele fica muito feliz na maior parte do tempo, e torna-se um rapagão em pleno crescimento, com uma postura orgulhosa. Algumas semanas mais tarde, a mãe veio ver-me novamente, dessa vez com a criança, mas eu acabava de sair em viagem para as férias de verão. Eles então visitaram o médico que os havia encaminhado para mim, o qual igualmente achou-o perfeitamente bem. A cura deveria continuar depois das férias de verão, e mesmo agora não estou certa de uma cura completa e durável desse caso. Mas não voltei a revê-lo, o que quer dizer que ele ia, decididamente, muito bem, do contrário os pais — judeus pouco civilizados[9] — teriam medo que eu tivesse querido explorá-los, e teriam insistido para que a análise prosseguisse.

Perguntei-me, muitas vezes, como explicar o rápido desaparecimento do estado, aparentemente tão grave, do paciente. E cheguei às seguintes conclusões: a neurose obsessiva, apesar das fortes disposições constitucionais da criança, não teve o tempo necessário para se constituir num sistema profundamente estruturado. Em primeiro lugar, porque o paciente era muito jovem, e em segundo lugar porque recebeu um tratamento seis meses, exatamente, depois do início da doença. Além da neurose obsessiva, todo o resto que constituía a doença não passava de uma forma de malícia (*Unart*) frouxamente refugiada por trás de um componente histérico, sempre mais ou menos associado à neurose obsessiva.

O resultado, que devo mais à intervenção psicopedagógica — no seio da qual, todavia, o olhar aguçado do psicanalista me foi de grande ajuda — do que à análise metódica, fez-me compreender como outros psicoterapeutas obtêm resultados paralelos sem recorrer à psicanálise. O principal meio de toda cura psíquica e de toda pedagogia bem sucedida sempre foi a transferência, mesmo que médicos e educadores a tenham utilizado de maneira assistemática ou inconsciente. A psicanálise tornou possível, com o auxílio da sistematização da transferência e da associação livre, a tomada de consciência do recalcado. Se acrescentarmos a esses expedientes da cura (*Kurbehelfen*) o combate pedagógico contra o benefício secundário da doença, não somente teremos enriquecido os instrumentos da terapia psicanalítica, mas também valorizado, para os objetivos que buscamos, tudo o que é verdadeiramente utilizável em outros métodos de psicoterapia.

[9] Permitimo-nos sair momentaneamente de nossa pseudoneutralidade de tradutores, a fim de sublinhar esses traços de um "cerimonial" anti-semita, freqüentes, na época, às margens do Vístula... (N. da trad. franc.)